Sinnsprüche des Konfusius

Hagen Waldemar Hagebutt (Hrsg.)

Hagen Waldemar Hagebutt (Hrsg.)

Sinnsprüche des Konfusius

Ein Wissensspiegel

Shaker Media

Bibliografische Information der Deutschen Nationalbibliothek
Die Deutsche Nationalbibliothek verzeichnet diese Publikation in der Deutschen Nationalbibliografie; detaillierte bibliografische Daten sind im Internet über http://dnb.d-nb.de abrufbar.

Aus dem Altniedermanischen übersetzt,
herausgegeben und mit Anmerkungen versehen
von Dr. phil. Hagen Waldemar Hagebutt
Titelbild: Annette Mentzel
Einleitung von Siegrid Lindblatt
Lektorin: Ulrike Bonn
Buchsatz: Ramona Schreiber, Shaker Media GmbH
Covergestaltung: Pargol Kheirani, Shaker Media GmbH

Printed in Germany.

ISBN 978-3-98903-016-9

Shaker Media GmbH • Am Langen Graben 15a • 52353 Düren
Telefon: 02421 / 99 0 11 – 40 • Telefax: 02421 / 99 0 11 – 49
Internet: www.shaker-media.de • E-Mail: info@shaker-media.de

Die üble Muse stiftete Anregungen für die vorliegenden Schriften
als zum Allerwertesten gewordene Durchsetzungskraft,
als glänzendes Vorbild von Selbstergriffenheit,
als höchste Herrin jeglichen Erinnerns,
als einzige Inhaberin der wirklich richtigen Auffassung,
als allwissende Alleinsachwalterin aller Urteilskraft,
als Hüterin der Werte,
als strahlende Eigentümerin aller Wahrheit,
als unumschränkte Königin der Eingebung,
als Universalkaiserin von Zuständigkeitszuweisung und somit des Guten, Schönen und Edlen,
als Päpstin von Deutungshoheit wie Richtlinienkompetenz und
als unumstrittene Göttin der Alpträume.
Doch auch wenn diese Muse sich ein entsprechendes Recht zuspricht, geht die Widmung an Annette.

Über den Übersetzer und Herausgeber:

Dr. phil. Hagen Waldemar Hagebutt, M.A. und MBA (Jg. 1966), ist Publizist, Literaturwissenschaftler, Kulturhistoriker und Übersetzer (Schwerpunkte: Archäolinguistik und Altniedermanistik), Literaturwissenschaftler und Publizist. Sein großes Verdienst ist nicht nur die Wiederentdeckung und jahrzehntelange Erforschung des Konfusius und seiner Werke, sondern auch der Nachweis zahlreicher Spuren von dessen (leider allzu gerne unterschlagenem) Wirken in der Geisteswelt.

Hagebutt verdankt nicht zuletzt dem Konfusius seinen hohen Bekanntheitsgrad und gilt weltweit als *der* Experte zum Thema. Ein breites Publikum ist mit ihm durch seine ungezählten Auftritte in Funk und Fernsehen sowie durch die einschlägige Berichterstattung in Presse und elektronischen Medien bestens vertraut. Er lebt – nach langen und harten Jahren als Transferleistungsempfänger in Köln-Chorweiler – in London-Knightsbridge und Berlin-Dahlem.

In Sachen des Konfusius bereits erschienen sind folgende, von Hagen W. Hagebutt herausgegebene Bände:

- Dem Vergessen entrissen! – Die Geheimakte Konfusius
- Der Konfusius – Unser verdrängter Meister
- Die Ausschlachtung des Urvaters : Der Konfusius und sein Wirken im Wandel der Zeiten
- Der (fast) vergessene Urahn aller Weltreligionen: Der Meister Konfusius
- Vorreiter auf dem toten Pferd – Mit dem Konfusius zu den Ursprüngen wahrer Erkenntnis
- Leistungsbezug mit dem Konfusius – Ein zeitloser Ratgeber für das Leben im Sozialstaat

Inhaltsverzeichnis

Über den Übersetzer und Herausgeber: 7
Einleitung 11
I. Zum Umgang mit dir selbst 20
II. Zu Zwischenmenschlichem und Zwischengeschlechtlichem 35
III. Rede und Lehre 47
IV. Wissen und Erkenntnis. 67
V. Geschäft und Handel 82
VI. Genuss, Sinne und Liebe 86
VII. Glaube und Moral. 90
VIII. Recht und Gesetz 102
IX. Macht und Staat 114
X. Streit, Kampf und Krieg 124
XI. Heil und Gesundheit 135
XII. Sinnbilder und Fabeln 139
Literaturverzeichnis: 147

Einleitung

Die Lehren des Konfusius – Ein Verbreitungszug der Weisheit!

Uns Heutigen ist das große Glück zuteil geworden, dass alte Schriften eines Verfassers wieder aufgetaucht sind, der lange verschollen und vergessen war. Gleichwohl finden sich in der Literatur, besonders konzentriert erstaunlicherweise in Mittel- und Westeuropa, ebenso zahlreiche wie unübersehbare Hinweise auf eine ausgeprägte Neigung, sich aus den Schriften eines alten Meisters zu bedienen und zwar keines Geringeren als des sagenumwobenen Konfusius. Er steht im Mittelpunkt dieses Büchleins und ist Gegenstand hier stattfindender Untersuchungen.

Vor allem in den Zeiten der Hochblüte westlicher Schriftstellerei (insbesondere während der deutschen Klassik in Weimar), aber auch bei etlichen hochgepriesenen Autoren der Literaturgeschichte anderer Jahrhunderte, finden sich Spuren dreisten Abkupferns oder zumindest unbewussten Wiederkäuens. Der Herausgeber wird mühelos anhand zahlreicher Belege den Nachweis erbringen, dass sich unzählige Nachgeborene aus den Schriften des Konfusius bedienten, die schon lange vor der (von Karl Jaspers so benannten, ihm zufolge in dem Zeitraum zwischen den Jahren 800 bis 200 vor Christus gelegenen) *Achsenzeit*[1] entstanden waren. Welches Ausmaß bei dem Rückgriff auf den Konfusius Absicht und Bewusstheit haben? Das wird sich niemals aufklären lassen. Die Tatsache massenhaften Abschreibens und Aufbereitens der Weisheiten unseres alten Meisters wirft die Frage auf, wie es denn sein konnte, dass ein derart beliebter Impulsgeber in Europa seit der Goethezeit zuneh-

1 Karl Jaspers: Vom Ursprung und Ziel der Geschichte, Piper, München 1949, 1955, v.a. S. 20, S. 25, S. 28, S. 76

mend weniger Einfluss und Bekanntheit hatte. Dafür nun gibt es nur eine logische Antwort: Die Plagiatoren, überwiegend fraglos Mitglieder von Männerbünden und Geheimbruderschaften, welche in den zahlreichen Anmerkungen genannt und anhand verräterischer eigener Textstellen überführt werden, ließen ihre Vorlagen nach dem Abschreiben einfach verschwinden!

Der Konfusius ist somit ein in Europa leider nicht bloß totgeschwiegener Autor, der weder in den bahnbrechenden Schriften von Karl Jaspers[2] noch in dem schönen neuen Standardwerk von Jan Assmann[3] Erwähnung findet. Sondern der Konfusius ist ein vor allem gründlich (und also absichtsvoll!) ausgeschlachteter Autor. Er ist somit gleichsam das Opfer eines literarischen Raubmordes, fortgesetzt begangen von der herrschenden Bande weltberühmter Spitzenliteraten, von denen nicht ein einziger bereit war, sich auf den Konfusius als Stifter unzähliger Gedanken und Eingebungen zu berufen. Keiner gab jemals den Konfusius als Quelle an. Genau das jedoch macht das Abschreiben so verräterisch, dass ein so aufmerksamer Beobachter – wie Hagen W. Hagebutt – dies eindeutig und mühelos zu entlarven vermag.[4]

◇◇◇◇◇◇◇◇◇◇◇◇◇◇◇◇◇◇◇◇◇◇◇

2 Karl Jaspers: Die maßgebenden Menschen – Sokrates, Buddha, Konfuzius, Jesus, Piper Taschenbuch, München 1964 und: Vom Ursprung und Ziel der Geschichte, Piper, München 1949

3 Jan Assmann: Achsenzeit – Eine Archäologie der Moderne, Beck, München, 2. Auflage 2019

4 Es mag sein, dass den einen oder die andere verschiedene hier aufgestellte Behauptungen erinnern an ein schönes Stück deutscher Satire, nämlich die Legende um die Familie Popolski, deren Stammvater Piotrek sogar als Vorbild für Gunter Grass‘ Figur des Oskar Matzerath (Hagemann, S. 24) gedient haben soll und darüber hinaus zum geistigen Urheber der gesamten Popmusik erklärt wird. Im Falle der hier vorliegenden Sammlung bleibt jedoch der Herausgeber keineswegs den Nachweis schuldig, dass der behauptete geistige Stifter, der Konfusius nämlich, auch der tatsächliche ist. Diesen Beweis tritt der alte Meister selbst an mit seinen jeweils für sich selbst und in ihrer Gesamtheit für ihn sprechenden Weisheiten. Zum Vergleich siehe: Achim Hagemann: Der Familie Popolski – Von gestohlenen Triumphen,

Bei seinen unermüdlichen Forschungen förderte der Herausgeber solch eine Fülle von Beweismaterial zutage, dass ihm ein Anspruch auf Vollständigkeit schon bald utopisch erschien. Sollte also ein noch aufmerksamerer Leser auf weitere Anhaltspunkte für Plagiatsverdacht stoßen, so würde der Herausgeber sich über eine derartige Unterstützung seiner Feststellungen freuen. Diese Aufgabe ist äußerst schwierig, denn unter einem Wust von Übersetzungsfehlern und sonstigen Verfälschungen (vergleichbar dem Stille-Post-Spiel) nehmen die Worte des Konfusius Schaden. *Es soll in der deutschen Literatur mehr als eine freie Nachdichtung des alten Weisen umgelaufen sein, die ihre Quelle nicht im Studium des Altniedermanischen Textes hat, sondern in einem intuitiven Erfassen dessen, was andere, weniger geistvolle Übersetzer bei der Wiedergabe des Textes in englischer oder französischer Sprache sich an philosophischem Tiefsinn haben entgehen lassen, wobei seltsamerweise die Seelenverwandtschaft meist so weit geht, dass der alte Weise in seinen Gedanken meist eine auffallende Übereinstimmung mit dem jeweiligen Nachahmer zeigt.*[5]

Der Konfusius ist, über alle Zeiten hinweg, eine der rätselhaftesten Gestalten der Weltliteratur. Er ist nie einfach nur Konfusius,

historischen Momenten und polnischer Lebensfreude, Rowohlt, Reinbek 2014. Auch Roland Topor bringt sich selbst als Gedankenstifter ins Spiel, beispielsweise mit der Behauptung, Picasso habe seine Demoiselles d'Avignon von ihm bzw. seinen Demoiselles d'Orange abgemalt. Siehe: Roland Topor: Memoiren eines alten Arschlochs, übers. von Eugen Helmlé, Diogenes, Zürich 1980, S. 58. Auch die Vorwegnahme des Kubismus beansprucht der Erzähler für sich (S. 75), ferner die Vorbildrolle für Marcel Prousts Madeleine-Bild (S. 76f), die Titelfigur von Hermann Hesses Steppenwolf (S. 106), u.v.a.m.

5 Anmerkung eines Ungenannten: Hagebutt ist der Abschreiber, und nicht die von ihm in Verruf gebrachten Geistesgrößen! Der kursiv geschriebene Absatz entspricht fast wortwörtlich den Worten des Laotse-Übersetzers Richard Wilhelm. Vergleiche: Laotse: Tao Te King – Das Buch vom Sinn und Leben, übersetzt und mit einem Kommentar versehen von Richard Wilhelm, Eugen Diederichs Verlag, Köln 1978 (Kassettenausgabe 1982), Vorwort, S. 6

sondern immer **der** (schlechthinnige!) Konfusius. Daher ist von ihm hier grundsätzlich in Verbindung mit dem bestimmten Artikel die Rede. Es geht dabei auch darum, einer geradezu unausrottbaren Verwechslung endlich Einhalt zu gebieten, nämlich der dank Hagen W. Hagebutt nun bekanntgewordenen Konfusius-Konfuzius-Konfusion.

Mit seinem chinesischen Nachahmer ähnlichen Namens, Konfuzius, hat der Konfusius nicht viel zu tun, – außer dass sich auch dieser allzu offensichtlich an den Schriften des jenen bediente. Die Namensähnlichkeit kann Zufall oder Absicht sein; in letzterem Falle jedoch mitnichten die des **kuning fuhs** (König Fuchs) selbst. So nämlich hieß ursprünglich der vermutlich rothaarige Weise, der nun unter seinem lateinisierten Namen **Konfusius** zu verspätetem Weltruhm gelangt. Die Ähnlichkeit dieses mittlerweile und endlich überall bekannten Namens mit dem lateinischen Wort für *Verwirrung, Vermischung (confusio, – ionis, f.)* verdankt sich möglicherweise dem verständnislosen Hochmut einiger Witzlinge. Deren Spott über den Meister nimmt angesichts der neiderweckenden intellektuellen Brillanz desselben wenig wunder.

Der Chinese Kongfutsi (der große Meister Kong) jedenfalls, von den Jesuiten am Hof in Peking Konfuzius genannt, lebte von 551 bis 479 v. Chr. Er *glaubte, daß die natürliche Ordnung der Welt die Grundlage der moralischen Ordnung sei.*[6] Der Chinese darf – zeitlich und hierarchisch fraglos seinem Namensvetter (genauer könnte man sagen: Namensnachbarn) Konfusius nachgeordnet und sich mit dessen Federn schmückend – als eine der großen Gestalten der frühen Weltliteratur gelten.

◇◇◇◇◇◇◇◇◇◇◇◇◇◇◇◇◇◇◇◇◇◇◇◇

6 Rainer Holzer: Konfuzianismus, S. 188B. Die übrigen Angaben zu Konfuzius entstammen den Seiten 188a bis 194b. Karl Jaspers (Die maßgebenden Menschen – Sokrates, Buddha, Konfuzius, Jesus, Piper Taschenbuch, München 1964, S. 133) ergänzt: *Er war groß an Gestalt und von überlegener Körperkraft.* Dasselbe trifft – in wenigstens demselben Maße – auf den Konfusius zu!

Zu vermuten ist, dass die Gestaltung des Fuchses über Jahrtausende hinweg, wie dies in den Fabeln des Bidpai, den antiken Darstellungen vor allem des Äsop, zahlreichen Märchen oder noch in Goethes *Reinicke Fuchs* geschah, maßgeblich auf den (nun endlich seine verdiente Bekanntheit erlangenden) Meister namens König Fuchs zurückgeht.[7]

Wir dürfen annehmen, dass auch Schüler des Konfusius seine Lehren in die Welt trugen. Eine Verbreitung der Weisheiten des Konfusius ist dabei immer auch eine Verdichtung derselben, denn aus viel wird bekanntlich immer noch mehr. Die Lebensnähe seiner Weisheit belegt dabei immer und eindeutig die Existenz dieses Meisterdenkers.

Es wäre allerdings eine grobe Vereinfachung, die oft in Form von Ansprachen, Empfehlungen oder auch Befehlen verfassten Gedanken des Konfusius als Handlungsanweisungen aufzufassen. Vielmehr umreißt der Meister mit seinen oft herausfordernden Aussagen die Welt des Möglichen: Er zeigt eindrucksvoll auf, was der Mensch sich selbst und anderen vermitteln oder einreden kann, wovon und wie Menschen sich selbst und einander überzeugen können, und wie entsprechend Erleben sowie Verhalten verlaufen **können**. Das gilt auch für unerwünschte Einstellungen und deren Umsetzung. Sie werden durch die hocheffektive Form der (Selbst) Anrede bestens entlarvt.

Die häufig verwandte Anrede mit „Du“ kann also auch auf ein inneres Zwiegespräch hinweisen. Das Spiel mit *Wirklichkeitssinn* und *Möglichkeitssinn*, mit welchem sich Robert Musil[8] einen Namen machte, ist somit uralt.

◇◇◇◇◇◇◇◇◇◇◇◇◇◇◇◇◇◇◇◇◇◇

7 Eine Übersicht über Fabeln und Fabeldichter (Äsop, Babrios, Bidpai, Krylow, Lessing, Luther, Phädros, da Vinci) findet sich bei: Annette und Bernhard Mentzel: Schlaglichter, Shaker, Düren 2023

8 Robert Musil: Der Mann ohne Eigenschaften I, Rowohlt, Reinbek 1987. Der Monumentalautor treibt dort in einer Kapitelüberschrift ein Spiel: *Wenn*

Der Konfusius präsentiert in dieser knappen Form der Darstellung innerseelischer Abläufe reinste Psychologie! Das sei insbesondere denjenigen gesagt, die sich so gerne über den Konfusius entrüsten, weil sie ihn als Anstifter und Versucher wahrnehmen. Man kann taktische Erörterungen des Konfusius durchaus als Ratschläge deuten, sie jedoch ebenso gut als Negativpause oder Hohlform für wünschenswertes Verhalten auffassen. Oder man kann sie verstehen als Zerrbilder anständigen Verhaltens oder sogar als eine beispielhafte Darstellung denkbaren Verhaltens von Gegnern. Wehe dem, der den Konfusius verwechselt mit *den schwülstigen Afterweisen, welche den Menschen zerstören wollen, um – eitles lächerliches Bestreben!- einen* Gott *aus seinen Trümmern hervorzuziehen!*[9]

Die altmanischen Kulturen im Westen Ostasiens bzw. im Osten Westeuropas sind ein Schmelztiegel. Ausgehend von dieser gewaltigen Schnittmenge gibt es Zeugnisse aus allen möglichen Zeitaltern, welche von einem denkerischen Wirken künden, das an die dreitausend Jahre zurückreicht und sich, vergleichbar ansonsten nur mit der Pest[10], in Wellen über die Menschheit ergießt. Es ist dem Herausgeber im Verlauf ungezählter Forschungsreisen gelungen,

◇◇

es Wirklichkeitssinn gibt, muß es auch Möglichkeitssinn gegen (1. Buch, Kapitel 4, S. 16).

9 Christoph Martin Wieland: Der goldne Spiegel, Erster Theil, 4. Kapitel, S. 112

10 *Die Erreger kleben an den Mundwerkzeugen oder verstopfen den Darm des Flohs: Der übergibt sich – und speit die Bakterien in die Wunde des Wirts.*
Die Pest suchte die Menschen immer erst dann heim, wenn die Ratten an der Seuche bereits gestorben waren. Ihre infizierten Flöhe stürzten sich ausgehungert auf den nächsten möglichen Wirt, Hunde, Katzen oder Menschen...Zu Beginn der Seuche schwellen die Lymphknoten an und platzen nach fünf bis sieben Tagen. Übelkeit, hohes Fieber, Erbrechen und Durchfall sind weitere Symptome. 10 bis 15 Prozent der Erkrankten sterben, weil die Bakterien ihr Blut vergiften. Befallen die Pesterreger die Lunge, dann können sich Menschen gegenseitig durch Tröpfcheninfektion anstecken.
In drei Pandemien entvölkerte der „Schwarze Tod" im Mittelalter ganze Landstriche. In den Pestjahren 1347 bis 1352 starben allein in Europa etwa 25 Millionen Menschen – ein Viertel der damaligen Bevölkerung. Jörg Blech: Leben auf dem

Originaldokumente zu finden. Es handelt sich um Werke des Meisters, die von dem Raubzug und dem Vernichtungskrieg gegen den Konfusius verschont geblieben waren. Hagen W. Hagebutt konnte sie bergen, sicherstellen und unter Rückgriff auf seine eigenen Sprachkenntnisse aufbereiten, übersetzen und sie schließlich einem breiten Publikum zugänglich machen. Der Retter der kostbaren konfusianischen Werke ist bekanntlich einer der ganz wenigen Zeitgenossen, die sich auf das exotische Orchideenfach Archäolinguisitk (mit dem Schwerpunkt des Altniedermanischen) verstehen. Dieser Umstand darf als besonderer Glücksfall gelten, zumal der Wiederentdecker, Übersetzer und Herausgeber – und das alles ist Hagen W. Hagebutt in einer Person – die Worte des alten Meisters obendrein in ein fürwahr meisterhaftes Deutsch überträgt.

Eine Besonderheit des Konfusius ist dessen immer wieder erfolgende Bezugnahme auf noch weit ältere Quellen. Der Meister will nichts weniger anbieten als *das gesammelte Wissen der Menschheit von ihrem Anbeginn her und bis in ihre fernste Zukunft hinein.* Er begeistert dabei nicht nur durch die Inhalte seiner hintersinnigen Weisheiten, sondern immer wieder auch durch seinen äußerst kunstvollen Stil: Jeder Sinnspruch beinhaltet, für sich betrachtet, nur wenige Wörter und entfaltet gleichzeitig ein riesiges Spannungsfeld. In der Zusammenschau bilden die Worte des Konfusius durchaus eine

Menschen – Die Geschichte unserer Besiedler, Rowohlt, Reinbek 2000, S. 75f Auch in unserer Zeit kommt es zu Pesterkrankungen bei Menschen: *Am 27. August* [2013] *wurde ein Todesfall der Beulenpest aus Kirgistan gemeldet. Ein 15jähriger Junge erkrankte in der Region von Ak-Suu, im östlichen Gebiet von Yssykköl, am gleichnamigen See...Es wird angenommen, dass sich der 15jährige durch einen Flohstich infizieirte. Der Floh wiederum infizierte sich mit den Pesterregern bei einem Murmeltier, das der Jugendliche zuvor gefangen und zum Essen bereitet hatte. Murmeltiere gelten im asiatischen Raum häufig als Reservoir von Pestbakterien.* Fit for Travel – Reisemedizinischer Infoservice, 05.09.2013 https://www.fit-for-travel.de/news/kirgisistan-pest-im-touristengebiet-yssykköl/

erhebliche Menge an Äußerungen und besagen dabei weder mehr noch weniger als alles und nichts zugleich.

Fremd vertraut wie die Sterne mancher Nacht, wie etwas sehnsüchtig Erwartetes[11] – so sind die Sinnsprüche des Konfusius. Und man weiß nie so recht: Sind das gelesene, bewusst gehörte, oder auch nur bruchstückhaft vernommene Gedanken anderer – oder doch gar eigene Einfälle? Jedenfalls *fluten blasse Ideen die Vorstellung wie halbvergessene Träume, und die Vorstellungskraft auf der Höhe ihrer Entfaltung entwickelt ein Misstrauen gegenüber den Ursprüngen und zweifelt, ob sie etwas selbst schuf oder es lediglich übernahm.*[12] So nahe steht uns noch heute der Konfusius!

Das schließt auch seine Gegner und Neider nicht aus. Von Seiten seiner Verleumder heißt es bisweilen, man wisse nach der Auseinandersetzung mit dem Konfusius kein bisschen mehr, als einem vorher schon sattsam geläufig gewesen sei. Eher könne man auch einen noch so dürftigen Wissensschatz mit Hilfe des Konfusius noch durcheinanderbringen. Dass der Konfusius eine derartige Hetze gegen ihn selbst sogar vorausgesagt hat, zeigt noch einmal besonders deutlich seine Weisheit, ja seine Fähigkeit zu prophetischer Voraussicht und entlarvt die Dummheit der Lästerer umso mehr.

---

11 Anmerkung eines Ungenannten: Diese zauberhafte Formulierung ist abgeschrieben von Robert Musil (Drei Frauen, Grigia, Rowohlt, Hamburg 1952, S. 6)

12 Anmerkung eines Ungenannten: Auch diese Stelle ist abgeschrieben! Siehe: Thomas Brinsley Sheridan ("The Rivals", Preface, 3rd. ed. 1776 – Oxford University Press 1968, S. 21) Der Ire führt als Vorläufer der modernen Gedächtnispsychologie aus: *Faded ideas float in the fancy like half-forgotten dreams; and the imagination in its fullest enjoyments becomes suspicious of its offspring, and doubts whether it has created or adopted.* Ähnlich lautet eine Feststellung von Emanuel Wertheimer: *Die meisten glauben zu denken und erinnern sich nur.* (Emanuel Wertheimer: Das Buch der Weisheit – Aphorismen, Zweite Auflage und neue Folge, Hoffmann und Campe, Hamburg und Berlin 1920, S. 35. Neuausgabe von Emanuel Wertheimer: Buch der Weisheit. Aphorismen, 3. Auflage, Lulu, o.O. 2020, S. 19).

Ein umfangreiches Verständnis der Schriften des Meisters zu vermitteln, – das hat sich der Herausgeber und Übersetzer zur Aufgabe und zum Ziel gemacht. Er will dem Leser die Freude eines gesteigerten Bewusstseins seines eigenen Wissens bescheren und das Hochgefühl, sich im Einklang zu befinden mit einer der herausragendsten Figuren – wenn nicht schlechthin **der** überragenden Gestalt – der Weltliteratur, nämlich dem Konfusius!

Berlin-Dahlem im Sommer 2023

Siegrid Lindblatt

I. Zum Umgang mit dir selbst

1. Suche dir frei, nach deinem ureigenen Gutdünken oder nach Wind- und Wetterlage aus, wem du Glauben schenken und wofür du Gehör verschenken willst.

Diese kleine Sammlung beginnt mit einem Paukenschlag: Der Konfusius ist der geistige Stammvater des annähernd gleichnamigen, von der Namensähnlichkeit dreist nutznießenden Konfuzius. Dessen Abklatsch der obigen Weisheit des Meister-Weisen und Meisters aller Weisen lautet schlicht wie folgt:

Der Meister sprach: „Der Edle wählt nicht nach ihren Worten die Menschen und verwirft nicht nach den Menschen ihre Worte.“[13]

Immerhin ist Konfuzius so anständig, den Meister mit den ersten drei Wörtern noch zu erwähnen, wenn auch der Konfusius, denn um niemand sonst kann es sich hier handeln, leider keine namentliche Erwähnung findet. Sehr schön bringt Ernst Hohenemser den hier dargelegten Gedanken in einem Gleichnis unter: *Die schmutzigste Kuh gibt schneeweiße Milch.*[14]

---

13 Kungfutse: Gespräche – Lün Yu, übers. und hrsg. von Richard Wilhelm, Diederichs, Köln 1955, S. 159 (Buch XV, 22, *Der Edle VI, Urteil über Menschen und Worte*). Kongfutsi (der große Meister Kong), von den Jesuiten am Hof in Peking Konfuzius genannt, lebte von 551 bis 479 v. Chr. Er *„glaubte, daß die natürliche Ordnung der Welt die Grundlage der moralischen Ordnung sei.“* Diese Weltanschauung lehrte er. Quelle: Rainer Holzer: Konfuzianismus, S. 188B. Die übrigen Angaben zu Konfuzius entstammen den Seiten 188a bis 194b.

14 Ernst Hohenemser: Aphorismen, Hirth, München 1918, Aphorismus Nr. 1082, S. 210. Neuausgabe von Ernst Hohenemser: Aphorismen, Lulu, o.O. 2022, S. 139.

2. ***Dein Weg ist* der *Weg. Der Weg wird erst dadurch zum Weg, dass du ihn gehst. Daher gibt es nur einen Weg. Du musst ihn gehen. Du kannst ihn gehen, auch ohne ihn zu kennen.***

Dieser Gedanke des Konfusius ist die Grundlage aller Sprüchlein vom Schlage *Der Weg ist das Ziel.* Er taucht in der (vor allem klassischen Weimarer) Literatur immer wieder auf, aber auch in unseren Zeiten:

Christoph Martin Wieland: *Er hatte gelernt, wie viel man oft den Umständen nachgeben muß; daß der vollkommenste Entwurf an sich selbst oft der schlechteste unter den gegebenen Umständen ist – daß sich das Böse nicht auf einmal gut machen läßt – daß in der moralischen Welt wie in der materialen, nichts in gerader Linie sich fortbewegt, und man also selten anders als durch viele Krümmen und Windungen zu einem guten Zweck gelangen kann, kurz: daß das Leben einer Schiffahrt gleicht, wo der Steuermann sich gefallen lassen muß, seinen Lauf nach Wind und Wetter einzurichten; wo er keinen Augenblick sicher ist, nicht durch widrige Ströme aufgehalten oder seitwärts getrieben zu werden; und wo alles nur darauf ankommt, mitten unter tausend unfreywilligen Abweichungen zu seiner vorgesetzten Richtung endlich dennoch, so bald und wohlbehalten als möglich, an dem vorgesetzten Ort anzulangen.*[15]

Joe Bausch: *Es gibt einen Weg, den nur du gehen kannst. Frag nicht, wohin er dich führt. Geh ihn!*[16]

◇◇◇◇◇◇◇◇◇◇◇◇◇◇◇◇◇◇◇◇◇◇◇◇

15 Christoph Martin Wieland: Werke I, 3. Band, Geschichte des Agathon, Dritter Theil, Zwölftes Buch, Erstes Kapitel, S. 55 (Werksausgabe der Hamburger Stiftung zur Förderung von Wissenschaft und Kultur, 1984) – Die Rede ist von dem Titelhelden.

16 Joe Bausch: Knast, Ullstein, Berlin, 11. Auflage 2019 S. 12

3. ***Denken ist nur dann Denken, wenn du das Gedachte tätig umsetzt. Sonst handelt es sich um leeres Denkeln.***

Wer glaubt noch an die vielbeschworene und von der Werbebranche immer wieder lebhaft für sich selbst beanspruchte sogenannte Kreativität? So meint ein sich mit dem Namen der griechischen Siegesgöttin schmückender amerikanischer Sportausrüsters in der Formel *Just do it!* einen Gipfel der Kreativität erklommen zu haben.

4. ***Lass dir deine schlechte Laune nie verderben.***

5. ***Was man kann, ist leicht. Also lass dir von keinem Fachmann weismachen, wie einfach alles sei und wie begriffsstutzig du sein müssest!***

6. ***Wenn du nur recht fleißig und gar ausschließlich dich selbst liebst, dann brauchst du nichts und niemanden sonst.***

Ein weiterer namhafter (und besonders fleißiger) Abschreiber ist der Weimarer Großgelehrte Christoph Martin Wieland, dessen Tun im Folgenden immer wieder zur Sprache kommen wird. Vorerst belassen wir es bei einer Stelle aus *Die Geschichte des Agathon: Je mehr wir in uns selbst verliebt sind, pflegte Aspasia zu sagen, je weniger sind wir fähig, etwas außer uns zu lieben.*[17]

17 Christoph Martin Wieland: Werke I, 3. Band, Geschichte des Agathon, Dritter Theil, 15. Buch, 2. Kapitel S. 334, (Werksausgabe der Hamburger Stiftung zur Förderung von Wissenschaft und Kultur, 1984)

7. ***Wer und was du bist, das stellst am besten ausschließlich du ganz allein fest. Führe dich auf, wie es dir beliebt, und nimm dann unbeirrbar Eigenschaften deiner Wahl als deine ureigenen für dich selbst in Anspruch.***

Was ist eigentlich „eigentlich“? Was ist wahres Sein? Was sind Eigenschaften? Der Konfusius erklärt es hier. Einer seiner Nachahmer ist der 1938 tödlich verunglückte Österreicher Ödön von Horváth. Er lässt in seinem Stück „Zur schönen Aussicht“[18], einer entlarvenden Komödie, seine Ada von Stätten einen Vorwurf abwehren: „Sie kennen mich nicht.“ Christine hält ihr vor: „Ich kenne diese Stimme. Ich habe hinter dieser Tür gehorcht.“ Ada wehrt klassisch ab: „Das war nicht ich!“. Sie kommt damit jedoch nicht gegen Christines „Doch!“ an. Dann legt Ada sensationell nach: „Ich bin nämlich eigentlich ganz anders, aber ich komme nur so selten dazu.“

Dieser Abschnitt, welcher den Kern des ganzen Stückes darstellt, wäre ohne den Konfusius nicht denkbar.

8. ***Wenn du dein Ziel verloren hast, dann steigere deine Anstrengung.***

Oscar Wilde spottet: *Ehrgeiz ist die letzte Zuflucht des Versagers.*[19]

9. ***Lieber ein-fach als ver-zwei-felt.***

◇◇◇◇◇◇◇◇◇◇◇◇◇◇◇◇◇◇◇◇◇◇◇◇

18 Ödön von Horváth: Zur schönen Aussicht, Gesammelte Werke 1, Suhrkamp, Frankfurt am Main 1985. Das Stück (S. 133 – 208) beinhaltet im dritten Akt (S. 200) den zitierten Dialogabschnitt.

19 Oscar Wilde: Phrases and Philosophies for the Use of the Young, in: Complete Works, p. 1244f, Harper Collins, London, 5th ed. 2003, p. 1245. Originaltext: *Ambition is the last refuge for the failure.*

10. ***Deine Furcht pflegst du am besten, indem du ihr nachgibst.***

11. ***Große Werke erfordern die volle Kraft.***

Eine sinnverwandte Redensart lautet: *Halbe Sachen führen zum Teufel.*

12. ***Willst du Salz und Senf sparen, dann trage beides nach der Mahlzeit auf.***
    Entsprechend kannst du deine Hilfe anbieten, wenn andere die Arbeit getan haben.

Die zweite Hälfte dieses Sinnspruches besteht aus einer Erörterung. Damit nimmt der Konfusius erklärende Nachsätze der Charakterbilder des Theophrast und der Fabeln des Äsop hinweg.

13. ***Ein totes Pferd wirft dich niemals ab.***

14. ***Bleib, wo du bist, und keiner kann dir deine Kenntnisse verdünnen. Vielmehr verdichtest du dein Wissen und mehrst es durch stete Festigung.***

Dieser Sinnspruch entstand lange bevor der prominente China-Weise Laotse lebte, ein sagenhafter Lebenssinnerkunder und Exportschlager aus dem Reich der Mitte des sechsten vorchristlichen Jahrhunderts. Unverkennbar stützt sich Laotse auf den Konfusius, wenn er da dichtet:

Ohne aus der Tür zu gehen, kennt man die Welt.
Ohne aus dem Fenster zu schauen,
sieht man den SINN des Himmels.
Je weiter einer hinausgeht, desto geringer wird sein Wissen.

Darum braucht der Berufene nicht zu gehen
und weiß doch alles.
Er braucht nicht zu sehen
und ist doch klar.
Er braucht nichts zu machen
und vollendet doch.[20]

15. Was suchst du Erfüllung, wenn du Füllsel hast?

16. Wirke bloß nie untätig! Gib dich allzeit geschäftig und rührig und tu zur Not so, als ob du etwas Bedeutsames tätest. Für ratlos gehalten werden ist schlimmer, als blind drauflos zu wurschteln.

Recht so. Bloß nicht verzagt wirken! Auch wenn Goethe dagegenhält: *Es ist nichts schrecklicher als thätige Unwissenheit.*[21] Ähnlich meint Jassoy: *Man muß ernstlich wissen, was man will, ehe man thun kann, was man soll.* Er erkennt jedoch auch den Kern mancher Übereile: *Oft handeln die Menschen in gewissen Dingen bloß aus dem Grunde sehr rasch, weil sie sich das Nachdenken darüber ersparen wollen.*[22]

17. Spaß ist Pflicht! Je mehr, desto besser. Und: Weniger ist eben nicht mehr, und mehr ist auch nicht weniger, sondern mehr ist mehr.

20 Laotse: Tao Te King – Das Buch vom Sinn und Leben, übersetzt und mit einem Kommentar versehen von Richard Wilhelm, Eugen Diederichs Verlag, Köln 1978 (Kassettenausgabe 1982), S. 47

21 Johann Wolfgang von Goethe: Maximen und Reflexionen, (Aus Kunst und Alterthum, Nr. 367), Reclam, Stuttgart 2021, S. 55

22 Ludwig Daniel Jassoy: Man muß ernstlich wissen, was man will, ehe man thun kann, was man soll. – Aphorismen aus Welt und Zeit (1815-1928), ausgewählt von Dirk Sangmeister, Lumpeter & Lasel, Eutin, 2. Auflage 2009, S. 13 und S. 32

18. ***Der Meister kennet Maß und Ziel; er isst zwar langsam, aber viel.***

Welch lahmer und prosaischer Abklatsch ist das weltberühmte Scherzwort des Iren Oscar Wilde: *Ich kann allem widerstehen, nur nicht der Versuchung.*[23]

19. ***Ist der Bauch auch satt, kann die Zunge immer noch mehr verlangen und jedes Sättigungsgefühl besiegen.***

Unschwer zu erkennen ist, dass erneut Friedrich Nietzsche sich bei dem Konfusius bedient und – den letzten Spruch entfremdend umkehrend – scherzt: *Der Asket macht aus der Tugend eine Not.*[24]

20. ***Trauerst du, weil du zu dick bist, dann tröste dich mit Zuckerzeug und Schmalz.***

Christoph Martin Wieland stellt mit Wonne die zuletzt dargebotenen Sprüche des Konfusius auf den Kopf. Er lässt seinen Weisen Psammis *vom Wesen der Wesen*[25] predigen. In diesem Zusammen-

23 Oscar Wilde: Lady Windermere's Fan, in: Complete Works, p. 420-464, Harper Collins, London, 5th ed. 2003, p. 424. In der ersten Häfte des ersten Aktes sagt Lord Darlington, nachdem ihn die Titelfigur wegen der Bezeichnung „faszinierende Puritanerin" das Adjektiv als unnötig vorgehalten hat: „*I couldn't help it. I can resist everything except temtation.*"

24 Friedrich Nietzsche: Menschliches, Allzumenschliches I, Zweites Hauptstück, Spruch 76, Band 2 der Kritischen Studienausgabe in 15 Bänden, hrsg. von Giorgio Colli und Mazzino Montinari, de Gruyter, Berlin 1967ff, Neuausgabe dtv Verlagsgesellschaft, München, 3. Auflage 2005, S. 84

25 Christoph Martin Wieland: Der goldne Spiegel, Erster Theil, 4. Kapitel, S. 103

hang rät er zu *Arbeit*[26], Naturbewusstheit[27] und *Mäßigung*[28]. Später lässt er den weisen Danischmend dem nichtsnutzigen Sultan Schach-Gebal den (titelgebenden) goldenen Spiegel vorhalten und lobt das Vorgehen des Wesirs Dschengis, der seine Schützlinge im Überflusse des Nothwendigen *und in dieser Armuth an entbehrlichen Dingen*[29] leben lässt.

21. Führt der Weg dich an kein Ziel, so laufe schneller weiter.

22. Hast du dich so gründlich verirrt, dass auch der Rückweg unauffindbar ist und kein Ausweg nirgends, dann musst du eben weiterlaufen.

Sehr schön verdichtet Winston Churchill die letzten beiden Sprüche: *Wenn du durch die Hölle gehst, geh weiter.*[30]

23. Wenn ein Mittel nicht wirkt, nimm mehr davon, und das über längere Zeit.

Hier nimmt der Konfusius ein Credo des Heilerunwesens vorweg!

24. Wechsel kann Selbstzweck sein. Öfter mal etwas Anderes; so bleibst du unberechenbar. Das kann von außen betrachtet dumm aussehen, aber...

◇◇◇◇◇◇◇◇◇◇◇◇◇◇◇◇◇◇◇◇◇◇

26 A.a.O., S. 108
27 A.a.O., S. 109
28 A.a.O., S. 112
29 Christoph Martin Wieland: Der goldne Spiegel, Zweyter Theil, 5. Kapitel, S. 108; Im 11. Kapitel (S. 218) ist die Rede vom Überfluß des Unentbehrlichen.
30 Simon Paige: The Very Best of Winston Churchill – Quotes from a British Legend, Amazon Fulfillment 2014, p. 18. Original: *"If you are going through hell, keep going."*

Die sinnverdrehende englische Weisheit *Never change a winning team!* ist nicht ohne den zugrundeliegenden Gegen-Spruch des Konfusius denkbar. Ludwig Daniel Jassoy erkennt, was der Konfusius meint und worauf es ankommt: *Der Verstand läßt sich oft errathen, aber die Dummheit trotzt jeder Berechnung.*[31]

25. ***Wenn du immer dasselbe erkennst, das, was du längst weißt, dann weißt du mit Sicherheit, dass du genug weißt. Dann musst du weder weiterdenken noch nachdenken noch mehr dazulernen, sondern nur noch dein Wissen festigen und darfst deine Gewissheit genießen.***

Wieso grenzt der gebürtige Berliner Kurt Tucholsky diese allgemeine Weisheit des Konfusius unnötig auf das Preußische ein? Er formuliert: *Es ist einfach Denkfaulheit und jene traditionell preußische Dummheit, die nicht erkennt, daß gerade dasjenige, worüber keiner mehr nachdenkt, das Gefährlichste ist.*[32]

26. ***Du setzt das Richtmaß. Du bist das Maß und der Richter. Du bestimmst die Eichwerte. Du bist der Maßstab und das Urmeter. Überall, immer, für alles!***

27. ***Wer sich Recht nimmt, der hat recht. Wer sich allein und überall und immer jedes Recht nimmt, der hat immer und überall ausschließlich alles Recht.***

31 Ludwig Daniel Jassoy: Man muß ernstlich wissen, was man will, ehe man thun kann, was man soll. – Aphorismen aus Welt und Zeit (1815-1928), ausgewählt von Dirk Sangmeister, Lumpeter & Lasel, Eutin, 2. Auflage 2009, S. 26

32 Kurt Tucholsky: Schnipsel – Erweiterte Neuausgabe, hrsg. von Wolfgang Hering und Hartmut Urban, Rowohlt, Reinbek 1995, S. 54

28. *Jederzeit kannst du der allgemeinen Ratlosigkeit deine ganz eigene entgegensetzen.*

29. *Geh erst ins Wasser, wenn du gut und sicher schwimmen kannst.*

Martin Luther erlaubt sich einige Freiheit, wenn er den Spruch des Meisters verfremdet: *Gute schwymer ersaûfen gern.*[33]

30. *Hast du Zweifel an deiner Kraft, dann übergib jede Last an andere.*

Raffiniert spinnt die Fernsehgröße und Nebenerwerbsautorin Daniela Katzenberger in ihrem Buch *Sei schlau und stell dich dumm*[34] ihr Garn um diese Empfehlung des Konfusius. Sie erweckt dabei den Eindruck, den Konfusius nicht zu kennen, seine Sprüche nie vernommen zu haben. Offensichtlich ist das Gegenteil der Fall!

31. *Reden macht stark. Rede gibt Macht. Drum rede, was das Zeug hält.*

Vollständig überzeugt stellt Walther Rathenau folgerichtig fest: *Wer mir etwas sagen will, muß stärker sein als ich.*[35]

32. *Wirst du nicht richtig wach, so schlaf dich in Ruhe weiter müde.*

33 Martin Luther: Fabeln und Sprichwörter, hrsg. von Reinhard Dithmar, Insel Verlag Frankfurt am Main und Leipzig, 2. Auflage 2016, 4. Spruch, S. 179

34 Daniela Katzenberger: Sei schlau und stell dich dumm, Bastei Lübbe, Köln, 9. Auflage 2012

35 Walther Rathenau: Auf dem Fechtboden des Geistes – Aphorismen aus seinen Notizbüchern, hrsg. von Karl G. Walther, Verlag der Greif, Walther Gericke, Wiesbaden 1953, S. 31

33. ***Ist das Feuer abgebrannt und die Glut erloschen, so entzünde die Asche.***

34. ***Bevor deine Hoffnung stirbt, bringt sie dich um.***

35. ***Die Hoffnung ist wie ein Baum auf sumpfigem Boden: Du magst dich daran hochziehen können, kannst aber auch alles zu Fall bringen und darunter begraben werden.***

36. ***Der Schmerz der Enttäuschung ist der Preis der Hoffnung.***

Der Konfusius erscheint hier vor uns als früher Skeptiker. Er zweifelt an der Hoffnung und befindet sich in der guten Gesellschaft seiner zahlreichen Nacheiferer: *Spes semper fallit*, sagte man im alten Rom: *Die Hoffnung* (oder: das Aussehen/der Schein) *trügt immer.* In Deutschland weiß man von alters her: *Am Hoffen und Harren erkennt man den Narren.*

Friedrich Nietzsche erkennt die von Zeus über Pandora an die Menschheit gebrachte Hoffnung als Ausfluss des Gegenteils von Wohlwollen: *Sie ist in Wahrheit das übelste der Übel, weil sie die Qual der Menschen verlängert.*[36]

37. ***Wer Verstand besitzt, der muss auch für alle und alles Verständnis haben. Sei drum dumm!***

36 Friedrich Nietzsche: Menschliches, Allzumenschliches I, Zweites Hauptstück, Spruch 71, Band 2 der Kritischen Studienausgabe in 15 Bänden, hrsg. von Giorgio Colli und Mazzino Montinari, de Gruyter, Berlin 1967ff, Neuausgabe dtv Verlagsgesellschaft, München, 3. Auflage 2005, S. 82

38. ***Bleibe dir fremd, auf dass du stets dich selbst überraschest. Sei recht flach und ohne Fassungsvermögen, auf dass du stets mit diesen Überraschungen dich und andere überfluten könnest.***

Die Inschrift *Erkenne dich selbst!*, welche den Apollotempel in Delphi ziert, bezieht sich ebenso ersichtlich wie eindeutig auf den Konfusius.

Dieser Sinnspruch offenbart darüber hinaus, dass der Konfusius das wesentliche Merkmal der sogenannten Borderline-Persönlichkeitsstörung ebenso klar erkannte wie benannte, ohne dass ihm das seitens der Weltgesundheitsorganisation auch nur eine Fußnote eingebracht hätte! Nachfolgend der Nachweis des Einflusses unseres Meisters:

Zur Erfüllung der Kriterien einer emotional instabilen Persönlichkeitsstörung vom Borderline-Typus müssen erstens die allgemeinen Kennzeichen einer Persönlichkeitsstörung (*deutlich von der kulturellen Norm abweichendes Wahrnehmen, Erleben, Denken und Verhalten, Leidensdruck, Veränderungsresistenz*) vorliegen, außerdem die Merkmale einer emotional instabilen Persönlichkeitsstörung (*unberechenbares, streitbares, unkontrolliert aggressives, sprunghaftes oder launisches Auftreten, insbesondere bei Tadel oder Reglementierung durch andere*), ferner die besonderen für eine Borderline-Störung: *ungefestigtes Selbstbild, intensive und instabile Beziehungen, Verlustangst, Selbstverletzung oder Drohen damit und „ein anhaltendes Gefühl von Leere“*[37].

◇◇◇◇◇◇◇◇◇◇◇◇◇◇◇◇◇◇◇◇◇◇

37 Weltgesundheitsorganisation: Internationale Klassifikation psychischer Störungen, ICD-10 Kapitel V(F) – Diagnostische Kriterien für Forschung und Praxis, hrsg. von H. Dilling et al., Huber, Bern, Göttingen, Toronto, Seattle, 2. Auflage 2000, S. 149-152 (Schlüssel F60.31)

39. Setze Ursachen entsprechend den dir genehmen Wirkungen oder sprich den Grundlagen der Geschehnisse jede Grundlage ab.

Wer kennt es nicht, das Gedicht *Die unmögliche Tatsache* von Christian Morgenstern[38]? Herr Palmström wird darin von einem Kraftfahrzeug überfahren, und zwar in einer Fußgängerzone. Die sechste und letzte Strophe lautet:

Und er kam zu dem Ergebnis:
„Nur ein Traum war das Erlebnis.
Weil", so schließt er messerscharf,
„nicht sein kann, was nicht sein darf."

Wer will leugnen, dass Morgenstern hier den vorstehenden Gedanken des (als seine Quelle nicht aufgeführten) Konfusius witzig verwertet?

40. Sei so, wie du meinst, sein zu müssen, auf dass du deine Vorteile daraus ziehest.

Anempfindung[39] und *hysterisches Affektpumpen*[40] sind Begriffe, mit denen Seelenkundler unechtes Getue enttarnen. Über bloße Selbst-

38 Christian Morgenstern: Alle Galgenlieder, Insel-Verlag/Anton Kippenberg, Leipzig, 9. Auflage 1965, S. 165

39 Carl Gustav Jung: Bewußtes und Unbewußtes, Fischer, Frankfurt am Main 1957, S. 15 – Kapitel I „Über die Archetypen des Kollektiven Unbewußten": Weltreligionen „enthalten ursprünglich geheimes Offenbarungswissen und haben die Geheimnisse der Seele in herrlichen Bildern ausgedrückt. Ihre Tempel und ihre heiligen Schriften verkünden in Bild und Wort die altgeheiligte Lehre, jedem gläubigen Gemüte, jeder empfindsamen Anschauung und jeder denkerischen Ausschöpfung zugänglich. Ja, man muß sogar sagen, daß, je schöner, je großartiger, je umfassender das gewordene und übermittelte Bild ist, desto weiter ist es der individuellen Erfahrung entrückt. Wir können es nur noch einfühlen und anempfinden, aber die Urerfahrung ist verloren."

40 Philipp Lersch: Aufbau der Person, Barth, München, 10. Auflage 1966, 3. Kapitel „Echtheit und Unechtheit": *Das Unechte ist zu unterscheiden vom*

täuschung hinaus geht die Lüge: Lion Feuchtwanger entlarvt mit einem prasselnden Schlaghagel die Verlogenheit der völkischen Eiferer von 1933, als er ein einziges Mal in „Die Geschwister Oppermann" einen diesbezüglich ausdrücklichen[41], wundervoll wütenden Absatz schreibt:

Widersinn und Lüge war, was die Machthaber dieses Reiches taten und was sie ließen. Lüge, was sie sagten und was sie verschwiegen. Mit der Lüge standen sie auf, mit der Lüge legten sie sich nieder. Lüge war ihre Ordnung, Lüge ihr Gesetzt, Lüge ihr Urteil, Lüge ihr Deutsch, Lüge ihre Wissenschaft, ihr Recht, ihr Glaube. Lüge war ihr Nationalismus, ihr Sozialismus, Lüge ihr Ethos und ihre Liebe, Lüge alles, und echt nur eines: ihr Haß.

Sämtliche soeben zitierte Denker (Jung, Lersch, Feuchtwanger) und ihre Disziplinen (Psychiatrie, Psychologie, anwendende Schriftstellerei) verdanken dem Konfusius unendlich viel!

41. *Gib, auf dass du erhältst. Schenke gemeinsam mit anderen und stelle die Beiträge deiner Genossen als unerheblich dar.*

Unverkennbar bedient sich hier der Meisterschüler Emanuel Wertheimer[42]:

Unwahren, welches bewusst die wahren inneren Vorgänge des Sichdarlebenden verdeckt (S. 565). *Das Unechte ist äußerlich, leer, hohl, substanzlos* (S. 566). Der *Hysteriker* zeigt: *Aus der Tiefe soll durch die Technik der Gebärde das Grundwasser der Seele hochgepumpt werden, das von selbst nicht quellen will* (S. 568). Erlebnishunger liegt vor bei gleichzeitig bestehender Erlebnisunfähigkeit (*Impotenz*, S. 577 und S. 584), womit sich *das Verhältnis von Erscheinungsbild und Innerlichkeitsgehalt umgekehrt* (S. 584) hat.

41 Lion Feuchtwanger: Die Geschwister Oppermann, atb, Berlin, 14. Auflage 2020, S. 324

42 Emanuel Wertheimer: Das Buch der Weisheit – Aphorismen, Zweite Auflage und neue Folge, Hoffmann und Campe, Hamburg und Berlin 1920, S. 20, 47, 92 bzw. 123. Neuausgabe von Emanuel Wertheimer: Buch der Weisheit.

Jeder möchte helfen – mit den Mitteln des andern.
Am schnellsten finden wir Ratschläge, die unsere Hilfe ausschließen.
Denen schenken wir gerne, die mehr schenken können als wir.
Wir stehen noch einander bei, aber durch eigennützige Hilfe.

42. *Jeder, ausnahmslos jeder, tut alles, ausnahmslos alles, was er tut, ausschließlich um seinetwillen und zu seinem eigenen, ausschließlich seinem eigenen, Wohl. Ein Nutzen, der anderen Menschen zugutekommt, ist lediglich eine Begleiterscheinung.*

Dieser Sinnspruch des Konfusius ist nicht einfach nur wahr. Er beweist auch, dass seit dem Meister keiner mehr die Kraft noch den Mut hatte, mit diesem – gleichsam radioaktiven – Kern menschlichen Handelns zu arbeiten. Der Konfusius tat dies als erster und letzter und zudem so scharf, genau und vollständig, dass keiner seitdem das Wagnis beging, diesen Stoff auch nur aufzugreifen. Immerhin den folgenden Spruch wagte Ernst Hohenemser: *Man spricht von käuflicher Liebe, zum Unterschied von nicht käuflicher, die – nicht existiert.*[43]

43. *Ein guter Erbschleicher beherrscht auch das Leichenfleddern.*

Aphorismen, 3. Auflage, Lulu, o.O. 2020 Die vier Zitate stehen dort auf S. 13, 23, 41 bzw. 53.

43 Ernst Hohenemser: Aphorismen, Hirth, München 1918, Aphorismus Nr. 1005, S. 196. Neuausgabe von Ernst Hohenemser: Aphorismen, Lulu, o.O. 2022, S. 130

II. Zu Zwischenmenschlichem und Zwischengeschlechtlichem

1. ***Liebe ist gefährlich. Sie kann beglücken oder verletzen oder beides, sogar gleichzeitig. Und sie macht abhängig.***

So viele Facetten der Liebe in so wenig Worten. Da muss sich Ernst Hohenemser anstrengen, um mitzuhalten: *Wer wirklich liebt, kann nur durch die Liebe beglückt werden.* Und: *Verletzen können uns nur die, welche wir lieben.*[44]

2. ***Lass dich nur mit Menschen ein, die du schon kennst.***

3. ***Auf die Unzuverlässigkeit (der Menschen) ist Verlass!***

4. ***Das bewusste Vergessen ist der beste Schutz für den Zusammenhalt als Paar.***

5. ***Geduld ist deine Stärke nicht? Und du willst auch keine lernen? Dann musst du die Schwächen deiner Mitmenschen und vor allem deine eigenen halt ungeduldig erdulden!***

6. ***Frage den anderen so lange, bis er sagt, was du hören willst; und halte ihm dann ewig seine eigene Aussage vor.***

44 Ernst Hohenemser: Aphorismen, Hirth, München 1918, Aphorismus Nr. 981 und Nr. 988, S. 191 bzw. S. 193. Neuausgabe von Ernst Hohenemser: Aphorismen, Lulu, o.O. 2022, S. 127 bzw. S. 128

7. ***So befiehlst und verbreitest du Glück und Frohsinn, indem Du nämlich sagst: „Wenn du dich nicht freust, dann bin ich traurig!“***

Die weltweite Populärpsychologie mit ihrer Leier von der Unverfänglichkeit der vielgepriesenen *Ich-Botschaften* möge hier vom Meister lernen![45] So funktioniert emotionale Erpressung!

8. ***Lieber verweigern als versagen!***

9. ***Manchen Erfolg kann man einfach nicht verhindern!***

10. ***Legt jemand ein dir missliebiges Verhalten an den Tag und lässt sich von dir zu keiner Änderung bewegen, so nimm deine Zuflucht im wahrnehmbaren, jedoch nicht greifbaren Ausdünsten von Vorwurf und Abwertung.***

Arthur Schnitzler spitzt die letzten beiden Sprüche kräftig zu, wenn er schreibt: *Trotz ist die einzige Stärke des Schwachen – und eine Schwäche mehr.*[46]

11. ***Der Umstand, dass immer nur du allein aller einziges Vorbild bist, soll dich niemals dazu veranlassen, dir Anspannung oder gar Mühe abzuverlangen.***

---

45 Der Herausgeber verweigert hier die endlose Auflistung der vulgären Plagiatoren, all dieser *Ichbotschafts*-Prediger!

46 Arthur Schnitzler: Aphorismen und Betrachtungen – Buch der Sprüche und Bedenken, Fischer Taschenbuch Verlag, Frankfurt am Main 1993, (Kleine Sprüche, Nr. 27), S. 133

Immanuel Kant, die Leitfigur der deutschen Aufklärung, verrät sich, indem er obigen Sinnspruch derart offensichtlich verkehrt, dass sein Einfallsgeber, nämlich der Konfusius, unverkennbar zutage tritt. Kant fordert mit seinem *Moralischen Imperativ* mehr als die Einhaltung des Gegenseitigkeitsgesetzes, der Goldenen Regel, er fordert Vorbildlichkeit: *Handle so, daß die Maxime deines Willens jederzeit zugleich als Prinzip einer allgemeinen Gesetzgebung dienen könne.*[47]

12. ***Meide den Kampf und verbreite deinen Ruf als Unbesiegter.***

13. ***Lass dir deine schlechte Laune nie verderben.***

14. ***Wenn du mehr vertraust als du Kenntnis von jemandem hast, dann kann das dein Untergang sein.***

Das vielbeschworene *Bauchgefühl* ist es, wovon hier die Rede ist.

15. ***Bist du unzufrieden, beispielsweise mit dem Scheitern an überhöhten oder gar ganz unmöglichen Zielen, so finde dafür äußere Anlässe und tadele deine Mitmenschen, – auf dass diese sich schuldig fühlen und dir zum Troste besonders gefällig werden.***

16. ***Zanke niemals mit einem Narren! So dumm kannst du gar nicht sein!***

47 Immanuel Kant: Kritik der praktischen Vernunft, Erster Teil: Elementarlehre, § 7 *Grundgesetz der reinen praktischen Vernunft,* hrsg. von Joachim Kopper, Reclam, Stuttgart 2022, S. 50. Kraftvoll ist die *Folgerung: Reine Vernunft ist für sich allein praktisch, und es gibt (dem Menschen) ein allgemeines Gesetz, welches wir das* Sittengesetz *nennen.* (S. 51).

Ergänzend und erklärend führt Ludwig Daniel Jassoy aus: *Wer mit einem Thoren über Grundsätze streitet, ist entweder selbst ein Thor, oder doch auf dem Wege, einer zu werden.*[48] Den Nachsatz kann man so verstehen, dass es unendlich dumm wäre, mit dem Dummkopf zu zanken. Jassoy bietet eine andere, sehr erfrischende Deutung: *Dumme Menschen kann man nur mit dummen Beweggründen überzeugen.*[49] Ähnlich sieht das Ernst Hohenemser: *Es gehört unglaublich viel Dummheit dazu, manche Menschen zu überzeugen.*[50] Dem pflichtet Marie von Ebner-Eschenbach bei und geht noch darüber hinaus: *Die Taten reden, aber den Ungläubigen überzeugen sie doch nicht.* Und: *Ein Urteil lässt sich widerlegen, aber niemals ein Vorurteil.*[51]

17. Gönn dir den Spaß, ab und zu eine kleine Eitelkeit einzugestehen.

Ernst Hohenemser weiß: *Darin, daß man eine Eitelkeit eingesteht, liegt immer mehr Eitelkeit, als man eingesteht.*[52]

18. Freud und Leid werden gern geteilt!

An dieser Stelle finden wir die gemeinsame Wurzel der Sprichwörter: *Geteilte Freude ist doppelte Freude.* Und: *Geteiltes Leid ist halbes Leid.*

---

48 Ludwig Daniel Jassoy: Man muß ernstlich wissen, was man will, ehe man thun kann, was man soll. – Aphorismen aus Welt und Zeit (1815-1928), ausgewählt von Dirk Sangmeister, Lumpeter & Lasel, Eutin, 2. Auflage 2009, S. 8

49 A.a.o., S. 20

50 Ernst Hohenemser: Aphorismen, Hirth, München 1918, Nr. 354 (S. 73) . Neuausgabe von Ernst Hohenemser: Aphorismen, Lulu, o.O. 2022, S. 47

51 Marie von Ebner-Eschenbach: Aphorismen, Reclam, Stuttgart 1988 und 2022, S. 50 bzw. S. 7

52 Ernst Hohenemser: Aphorismen, Hirth, München 1918, Nr. 286 (S. 60) . Neuausgabe von Ernst Hohenemser: Aphorismen, Lulu, o.O. 2022, S. 40

19. Es gibt nichts, was du einem anderen nicht ein- oder ausreden kannst, und schon gar nichts, was du nicht dir selbst ein- oder ausreden kannst.

Hier zeigt sich der besondere stilistische Reiz der Sinnsprüche des Konfusius: die persönliche Ansprache. Derselbe Inhalt könnte auch als allgemeine Aussage vermittelt werden: *Man kann jedem, vor allem sich selbst, ein- oder ausreden, was immer man will.* Mehr Wucht entfaltet die Botschaft jedoch in der von dem Konfusius bevorzugten Form der persönlichen Ansprache.

20. Wenn du deinen Unrat jetzt liegen lässt, dann kannst du nach dem nächsten Mal jedem Kläger gegenüber mit Fug und Recht behaupten, das Durcheinander sei schon vorher dagewesen.

Wieso muss man diese Zeilen als allgemeine Empfehlung von problematischen Verhaltensweisen verstehen? Viel einleuchtender ist das Verständnis dieser Zeilen als der Welt erste Beobachtung und Beschreibung von Schlampen, Müllschleuderern und Trägern der Aufmerksamkeits-Defizit-Störung.

21. Jahreszeiten, Tageszeiten, Gezeiten: Der Weg der Welt verläuft in Eigendrehung, Kreisen und Schleifen, auch das Leben dreht sich vor sich hin. Was willst du da Ziele verfolgen?

Abgeklärt und trocken schreibt da jemand schon vor drei Jahrtausenden, was in jüngerer Vergangenheit Arthur Schnitzler aufgreift und auf den Punkt (genauer: in die Schleife) bringt: *Alle Spekulation, vielleicht alles Philosophieren ist nur ein Denken in Spiralen; wir kommen wohl höher. Aber nicht eigentlich weiter. Und dem Zentrum der Welt bleiben wir immer gleich fern.*[53] Weniger bedrückt stellt Schnitzlers Landsmann Ernst von Feuchtersleben fest: *Das Gleichnis von der Spirallinie im menschlichen Fortschreiten ist das befriedigendste, das ich kenne. Es gibt hier Rückwärtsbewegungen, die aber doch zugleich vorwärts führen. Man sieht auch, zwar nicht das Gewesene, aber doch die Sphäre seines Wesens wiederkehren; man kommt in dieselbe Gegend wieder zurück, wo man schon war, – nur auf einem höheren Standpunkte, von welchem aus man sie übersieht.*[54]

Darüber hinaus erkennen wir unschwer, dass der Konfusius der eigentliche Altmeister der Astronomie und der wichtigste Vordenker der alten Ägypter und des Kopernikus ist.

22. Trödle, trudle, treibe, taumle, kreisle vor und zurück und auf und ab und krumm und schief und schräg und hin und her und kreuz und quer – und gib deinen Kurs für einen geradeswegs auf seine Ziele ausgerichteten Weg aus.

Wer will leugnen, dass sich folgender Leitgedanke aus dem Monumentalfragment *Der Mann ohne Eigenschaften* aus der Feder des Österreichers Robert Musil dem hypnotisch-poetischen Spruch des Konfusius verdankt?

Im Grunde wissen um die Jahre der Lebensmitte wenig Menschen mehr, wie sie eigentlich zu sich selbst gekommen sind, zu ihren Vergnügungen, ihrer Weltanschauung, ihrer Frau, ihrem Charakter, Beruf und ihren Erfolgen, aber sie haben das Gefühl, daß sich nun nicht mehr viel ändern kann. Es ließe sich sogar behaupten, daß sie betrogen worden seien, denn

53 Arthur Schnitzler: Aphorismen und Betrachtungen – Buch der Sprüche und Bedenken, Fischer Taschenbuch Verlag, Frankfurt am Main 1993, (Ahnungen und Fragen, Spruch 34), S. 32

54 Ernst von Feuchtersleben: Sämtliche Werke und Briefe. Kritische Ausgabe, hrsg. von Herbert Seidler und Hedwig Heger, Wien 1990, Band 4, S. 184

man kann nirgends einen zureichenden Grund dafür entdecken, daß alles gerade so kam, wie es gekommen ist; es hätte auch anders kommen können; die Ereignisse sind ja zum wenigsten von ihnen selbst ausgegangen, meistens hingen sie von allerlei Umständen ab, von der Laune, dem Leben, dem Tod anderer Menschen, und sind gleichsam bloß im gegebenen Zeitpunkt auf ihn zugekommen...Noch viel sonderbarer aber ist es, daß die meisten Menschen das gar nicht bemerken; sie adoptieren den Mann, der zu ihnen gekommen ist; dessen Leben sich in sie eingelebt hat; seine Erlebnisse erscheinen ihnen jetzt als der Ausdruck ihrer Eigenschaften, und sein Schicksal ist ihr Verdienst oder Unglück.[55]

Musils Landsmann Arthur Schnitzler pflichtet bei: *Erinnerungsfälschung, das ist die ohnmächtige Rache, die unser Gedächtnis an der Unwiderruflichkeit alles Geschehens nimmt.* Und: *Nur Richtung ist Realität, das Ziel ist immer eine Fiktion, auch das erreichte – und dieses oft ganz besonders.*[56]

23. Das Wasser strudelt nicht nur in der Fläche, es beschreibt auch im Raum einen Kreislauf aus Dampf, Wolken, Regen, Flüssen, Meer und sogar Eis. Drum darfst auch du strudeln, kreisen und umherziehen.

Der Konfusius greift dem Leonardo vorweg, welcher als der Entdecker des Wasserkreislaufes gilt. Er lässt es in der Fabel vom Wasser aus Übermut aufsteigen und die Lüfte erfüllen, worauf es ihm wie folgt ergeht: *Der Regen wurde von der dürstenden Erde getrunken: Lange*

55 Robert Musil: Der Mann ohne Eigenschaften, Band 1, Erstes Buch, Kapitel 34 („Ein heißer Strahl und erkaltete Wände“), Rowohlt, Reinbek 1987, S. 130f

56 Arthur Schnitzler: Aphorismen und Betrachtungen – Buch der Sprüche und Bedenken, Fischer Taschenbuch Verlag, Frankfurt am Main 1993, (Kleine Sprüche, Sprüche 44f), S. 135

Zeit blieb das Wasser im Boden gefangen und bezahlte seine Hoffart mit einer harten Buße.[57]

24. ***Hast du gefrevelt, dann betrage dich nicht gleich trotzig unverschämt, sondern tritt frei von Scham auf, als sei deine Tat nie geschehen und schon gar nicht wichtig.***

25. ***Koste jede erlittene Kränkung voll Inbrunst aus und sei auch recht nachtragend.***

26. ***Je lauter, desto lustiger! Und wer sich über deinen Lärm beklagt, der beweist doch nur, dass er ein Langweiler ist.***

Blaskapellen, Bassdröhner, Krawallkünstler und Eventfuzzis, dankt dem Konfusius auf Knien!

27. ***Schnüffel nicht an jedem Furz!***

Deftiger hätte es auch Martin Luther nicht sagen können, der auch als Stilist in dem Konfusius ein Vorbild hatte. Sehr nahe kommt der vorstehenden kleinen Weisheit ein von Luther mit der ihm eigenen Kraft verbreiteter Spruch: *Was dich nicht bornet das lessche nicht.*[58]

57 Leonardo da Vinci: Fabeln, da Vinci, Leonardo: Fabeln, mit einem Nachwort von Christine Wolter, Reclam, Stuttgart 1974, S. 49, zitiert nach Leonardos Favole, fol. III 2 r

58 Martin Luther: Fabeln und Sprichwörter, hrsg. von Reinhard Dithmar, Insel Verlag Frankfurt am Main und Leipzig, 2. Auflage 2016, 489. (und letzter) Spruch, S. 194

28. ***Die Ohren können sich zwar nicht schließen. Sie sind jedoch nicht zum bedingungslosen Einlassen gezwungen, sondern können auch schlucken und verhallen lassen.***

Ein Mann von Geist wird nicht allein nie etwas Dummes sagen, *er wird auch nie etwas Dummes* hören. Das sagt Ludwig Börne[59] und lässt dabei die Ohren reichlich inaktiv wirken. Anders geht Ernst Hohenemser vor: *Die Weisheit liegt im Ohr – und nicht im Munde.*[60]

29. ***Was du nicht tun kannst oder willst, das weise von dir und sei nicht zuständig.***

30. ***Willst du dich an der Alltagsarbeit nicht beteiligen, dann schwinge dich zum Zuteiler derselben oder zum Lehrmeister dafür auf.***

31. ***Wer schuftet, der verschleißt sich.***

32. ***Willst du in die Sänfte, so gönne dir eine Fußkrankheit; und willst du dann darin bleiben und deinen Anspruch darauf festigen, so pflege dein Fußleiden.***

Wieder ist es Christoph Martin Wieland, der sich des obigen Spruches als Negativ-Vorlage bedient. Er treibt seinen Spott mit einem überfallenen und beraubten Emir. Der *mußte eine Sache thun, die ihn aus Mangel an Gewohnheit sehr hart ankam, nehmlich seine Beine*

59 Ludwig Börne: Sämtliche Schriften in fünf Bänden, hrsg. von Inge und Peter Rippmann, Melzer, Dreiech 1977, 1. Band S. 159

60 Ernst Hohenemser: Aphorismen, Hirth, München 1918, Nr. 52 (S. 18) . Neuausgabe von Ernst Hohenemser: Aphorismen, Lulu, o.O. 2022, S. 12

in Bewegung setzen und versuchen, ob er irgend einen Weg aus dieser Wildnis finden möchte...Für die schlaffen Sehnen und marklosen Knochen des Emirs war dieß eine ungeheure Arbeit.[61] Der naschlustige (weniger vornehm ausgedrückt: gefräßige) Herrscher und seine erfindungsreichen, auf Verlockung und Verführung ihres Herrn bedachten Köche halten einen Kreislauf in Gang: Je mehr er isst, desto mehr mühen sich die Künstler an Herd und Ofen. Schließlich muss der Emir den durch die Kunst seiner Köche *erkünstelten Kitzel etlicher Augenblicke mit langen Schmerzen bezahlen.*[62]

33. *Eine Handlungsverweigerungsanweisung: Verliere nie die Nerven: Bleib ungerührt und unbewegt und lass die Arbeit liegen, bis jemand anderes meint, Ordnung schaffen zu müssen.*

Die letzten vier Sinnsprüche kann man als Vorwegnahme behördendeutschen Unwesens betrachten und somit als Richtlinien für praktiziertes Klischeebeamtentum. Der Herausgeber wirbt noch für ein anderes Verständnis derselben: Vielleicht haben sie mehr **be**schreibenden als **vor**schreibenden Charakter und zeigen bloß das, was – traurigerweise und vor allem in Behörden – von jeher und leider auch zunehmend gang und gäbe ist.

34. *Kommst du dem Starken nicht bei, dann setze dem Schwachen desto stärker zu!*

35. *Du musst nicht stärker sein als dein Feind, jedoch stärker als dein schwächster Verbündeter, – auf dass der Feind sich als erstes auf ihn stürze.*

61 Christoph Martin Wieland: Der goldne Spiegel, Erster Theil, 3. Kapitel, S. 78f

62 A.a.O., S. 86

36. ***Willst du nicht trösten, dann fordere selbst Trost und stimme lauthals dein eigenes Klagelied an.***

37. ***Nach Lachen kommt Weinen, nach Mangel Fülle, und aus Heuschrecken, welche die Ernte wegfressen, kannst du eine schöne fette Speise kochen.***

Eine Reise in den Sudan bewies dem Herausgeber, dass man auch dort die Weisheit des Konfusius kennt, schätzt und – in vorbildlicher Weise – umsetzt.

38. ***Wenn du etwas Heikles oder gar Verbotenes bekommen willst, dann bringe jemanden dazu, dich in Versuchung zu führen, dich zu überreden oder sogar dich ihm anzuschließen.***

39. ***Was Schein ist, kann werdend ins Sein übertreten und dann sogar dauern und bleiben.***

Goethes auf dieser Grundlage des Konfusius gezauberte Zeilen sind so gelungen, dass Franz Schubert sie vertonte. Er lässt seine Mignon, die gerne zum Engel würde, singen[63]:

So laßt mich scheinen, bis ich werde;
Zieht mir das weiße Kleid nicht aus!
Ich eile von der festen Erde
Hinab in jenes feste Haus.

Dort ruh' ich eine kleine Stille,

63 Johann Wolfgang von Goethe: Wilhelm Meisters Lehrjahre, hrsg. von Ehrhard Bahr, Reclam, Stuttgart 1982, Achtes Buch, Zweites Kapitel, S. 540f. Tatsächlich steht dort *genung*!

Dann öffnet sich der frische Blick,
Ich lasse dann die reine Hülle,
Den Gürtel und den Kranz zurück.

Und jene himmlischen Gestalten
Sie fragen nicht nach Mann und Weib,
Und keine Kleider, keine Falten
Umgeben den verklärten Leib.

Zwar lebt' ich ohne Sorg' und Mühe,
Doch fühlt' ich tiefen Schmerz genug;
Vor Kummer altert' ich zu frühe;
Macht mich auf ewig wieder jung!

III. Rede und Lehre

1. *Schaffe Wahrheit ohne Klarheit, und zwar möglichst viel!*

Wer bemerkt bei diesem Sinnspruch des Konfusius nicht sofort, dass sich erneut der größte Dichter Deutschlands ausgiebig beim Meister Anregung verschafft? Kunstvoll rankt Goethe prächtige Reime um den Gedanken:

In bunten Bildern wenig Klarheit,
Viel Irrtum und ein Fünkchen Wahrheit,
So wird der beste Trank gebraut,
Der alle Welt erquickt und auferbaut.
Dann sammelt sich der Jugend schönste Blüte
Vor eurem Spiel und lauscht der Offenbarung,
Dann sauget jedes zärtliche Gemüte
Aus eurem Werk sich melanchol'sche Nahrung,
Dann wird bald dies bald jenes aufgeregt,
Ein jeder sieht, was er im Herzen trägt.
Noch sind sie gleich bereit zu weinen und zu lachen,
Sie ehren noch den Schwung, erfreuen sich am Schein;
Wer fertig ist, dem ist nichts recht zu machen;
Ein Werdender wird immer dankbar sein.[64]

64 Die zitierten Zeilen plätschern munter aus dem Munde der lustigen Person vor dem Theater in Goethes Faust, Erster Teil (Zeilen 170-183):

Des Konfusius Darstellung der Möglichkeit und Durchführung von Wahrheitsgestaltung regte Literaten aller Zeiten zu scharfsinnigen Neuaufgüssen seiner Gedanken an.

Anerkennung verdient durchaus auch Kurt Tucholsky für seine Feststellung: *Es ist so schwer, alte Wahrheiten zu rekonstruieren, schon weil sie damals keine mehr gewesen sind.*[65]

2. *Einem ertappten Lügner kannst du seine Lüge um die Ohren hauen. Viel klüger kann es sein, ihn in dem Glauben zu wiegen, du glaubtest ihm.*

Wir können es Arthur Schnitzler als Verdienst anrechnen, dass er diesen schlauen Rat des Konfusius auf seine (leider etwas naserümpfende Weise) wiedergibt: *Auch* das *ist Lüge, und oft die kläglichste von allen: sich anzustellen, als wenn man einem Lügner seine Lüge glaubte.*[66]

3. *Was immer du denkst oder wessen du dich auch entsinnst, es sind alles deine Gedanken, und sie gehören ausschließlich und allein dir.*

Der Ire Thomas Brinsley Sheridan führt als Vorläufer der modernen Gedächtnispsychologie aus: *Blasse Einfälle durchströmen die Vorstellung wie halb vergessene Träume. Und die Vorstellungskraft in ihrer höchsten Blüte wird ihres eigenen Ursprunges verdächtig und zweifelt ob sie erschafft oder bloß übernimmt.* (Original: *Faded ideas float in the fancy like half-forgotten dreams; and the imagination in its fullest*

65 Kurt Tucholsky: Schnipsel – Erweiterte Neuausgabe, hrsg. von Wolfgang Hering und Hartmut Urban, Rowohlt, Reinbek 1995, S. 351

66 Arthur Schnitzler: Aphorismen und Betrachtungen – Buch der Sprüche und Bedenken, Fischer Taschenbuch Verlag, Frankfurt am Main 1993, (Verantwortung und Gewissen, Spruch 49), S. 55

enjoyments becomes suspicious of its offspring, and doubts whether it has created or adopted.)[67]

Ähnlich lautet eine Feststellung von Emanuel Wertheimer: *Die meisten glauben zu denken und erinnern sich nur.*[68]

4. ***Handele und rede nur frisch und frei voran, statt dich mit Rückschau und Selbstbespiegelung aufzuhalten.***

5. ***Im Tun ist Sein: Wahrheit ist daher wählbar: Suche dir also deine Wahrheit aus!***

6. ***Die Wahrheit über alle Wahrheit ist, dass man sie gut erfinden kann.***

7. ***Wissen ist Sein, und Sein ist Wissen.***

Oscar Wilde meint: *Die Engländer würdigen Wahrheiten zu Tatsachen herab. Wenn eine Wahrheit zur Tatsache verkommt, büßt sie all ihren geistigen Gehalt ein.*[69]

67 Thomas Brinsley Sheridan: The Rivals", Preface, 3rd. ed. 1776 – Oxford University Press 1968, S. 21
Anmerkung eines Ungenannten: Ein Hinweis darauf findet sich bereits in Fußnote Nr. 7!

68 Emanuel Wertheimer: Das Buch der Weisheit – Aphorismen, Zweite Auflage und neue Folge, Hoffmann und Campe, Hamburg und Berlin 1920, S. 35. Neuausgabe von Emanuel Wertheimer: Buch der Weisheit. Aphorismen, 3. Auflage, Lulu, o.O. 2020, S. 19.

69 Oscar Wilde: A Few Maxims for the Instuction of the Over-Educated, in: Complete Works, p. 1244f, Harper Collins, London, 5th ed. 2003, p. 1244. Im Original: *The English are always degrading truths into facts. When a truth becomes a fact it loses all its intellectual value.*

8. *Finde deinen nützlichen Glauben und dann nur noch dessen Bestätigung.*

Im Jahre 1968 wies der Frankfurter Philosoph Jürgen Habermas auf den engen Zusammenhang zwischen *Erkenntnis und Interesse* (Buchtitel) hin und verwies auf gesellschaftliche bzw. strukturelle Hintergründe bei der Entstehung von Ansichten u.a. in Wissenschaft und Technik. Auch er griff auf den Konfusius zurück, wie dessen beide vorstehende Sinnsprüche augenfällig machen.[70]

9. *Mehre dein Wissen durch Festigung deines Glaubens, denn: Wer fest genug glaubt, der weiß.*

10. *Denke nicht zu viel, denn dann irrst du mehr!*

Als klassisch gilt Leonardo da Vincis Feststellung: *Wer wenig denkt, irrt viel.*[71] Aber der Konfusius sagt noch mehr. Er nimmt unsere tröstliche Alltagsweisheit als Warnung vorweg: *Wer arbeitet, macht Fehler. Und wer mehr arbeitet, macht eben auch mehr Fehler.*

11. *Wissen wächst mit der Gewissheit.*

Wieder einmal fällt Christoph Martin Wieland als heimlicher Schüler des Konfusius auf! Er schreibt: *Die Fantasie hat auch ihre*

70 Jürgen Habermas: Erkenntnis und Interesse, suhrkamp taschenbuch wissenschaft, Frankfurt am Main 1973

71 Leonardo da Vinci: Jede Erkenntnis beginnt mit den Sinnen – Die Aphorismen, Rätsel und Prophezeiungen, ausgewählt und übersetzt von Marianne Schneider, Schirmer/Mosel, München 2012, S. 55, zitiert nach Leonardos Manuskript H119R

Empfindungen.[72] Georg Christoph Lichtenberg stellt allgemein fest: *Vorstellungen sind auch ein Leben und eine Welt.*[73]

Es nimmt nicht wunder, dass der Provokateur Bernard Shaw verfremdet: *Die Leute, die glauben, dass es so etwas wie einen absolut richtigen Standpunkt gibt, meinen damit gewöhnlich ihren eigenen.*[74]

12. Macht ist Wissen: Mache andere wissen, was du glaubst.
Wissen ist Macht: Mache andere glauben, was du sie glauben lassen willst.

13. Sage nichts einfach so, sondern verleihe deiner Rede Tiefe, indem du dich auf ehrwürdige Ursprünge deiner Kunde beziehst.[75]

◇◇◇◇◇◇◇◇◇◇◇◇◇◇◇◇◇◇◇◇◇◇◇

72 Christoph Martin Wieland: Werke I, 2. Band, Geschichte des Agathon, Zweyter Theil, 7. Buch, 3. Kapitel S. 16 bzw. S. 18 (Werksausgabe der Hamburger Stiftung zur Förderung von Wissenschaft und Kultur, 1984). Dort (S. 16) führt der Titelheld aus: „So seltsam es klingt, so gewiß ist es doch, daß die Kräfte der Einbildung dasjenige weit übersteigen, was die Natur unsern Sinnen darstellt: sie hat etwas glänzenderes als Sonnenschein, etwas lieblicheres als die süßesten Düfte des Frühlings zu ihren Diensten,...sie hat...eine neue Verknüpfung der Ursachen und Wirkungen neue Zeitmaße – kurz, sie erschafft eine neue Natur, und versetzt uns in der That in fremde Welten, welche nach ganz anderen Gesetzen als die unsrige regiert werden." Agathon erzählt weiter (S. 18): „Die Musik, die ich hörte, rührte, fesselte, entzückte mich; sie übertraf, meiner eingebildeten Empfindung nach (denn die Fantasie hat auch ihre Empfindungen) alles, was ich jemahls gehört hatte." Ähnlich ist „von den Irrungen der Fantasie und der Empfindung" die Rede (3. Band, Dritter Theil, 15. Buch, 3. Kapitel, S. 348).

73 Georg Christoph Lichtenberg: Schriften und Briefe, Erster Band, Sudelbücher, Carl Hanser Verlag, München 1968, S. 534 (Heft F, Nr. 537)

74 Bernard Shaw: Vorbemerkung zu „Mensch und Übermensch", zitiert nach: Bernard Shaw: Lektüre für Minuten – Ausgewählte Gedanken aus seinem Werk, ohne Angabe zum Übersetzer, Suhrkamp Verlag, Frankfurt am Main 2000, S. 100

75 Anmerkung eines Ungenannten und Unbekannten: Genau darin besteht doch das ganze Treiben von diesem Hagebutt!!!!!

14. ***Rede dir eine rechte Flut zurecht und lass dich dann mitreißen von diesem Strome und dessen immer neu quellenden Zuflüssen aus den Mündern deiner zwangsläufig wachsenden Anhängerschaft.***

15. ***Redet jemand, so verlange, dass er auch andere, und zwar jetzt dich, zu Wort kommen lasse. Nimm dann das Wort an dich, halte es fest, klammere dich gleichsam daran und poche auf dein Recht, ausreden zu dürfen.***

16. ***Bleib nur recht schön im Ungefähren, denn dann darf niemand sich beschweren!***

Hier wird deutlich, wie **der** deutsche Dichter, es handelt sich um niemand Geringeren als den Herrn Hofrat Johann Wolfgang von Goethe, sich ohne Quellenangabe bei dem Konfusius bedient, – nicht ohne die knappe Weisheit des Meisters mit gereimtem Zierrat zu verfremden. Der Leser urteile selbst:

Mephistopheles Im Ganzen – haltet Euch an Worte!
Dann geht Ihr durch die sichre Pforte
Zum Tempel der Gewissheit ein.
Schüler. Doch ein Begriff muss bei dem Worte sein.
Mephistopheles:. Schon gut! Nur muss man sich nicht allzu ängstlich quälen;
Denn eben wo Begriffe fehlen,
Da stellt ein Wort zur rechten Zeit sich ein.
Mit Worten lässt sich trefflich streiten,
Mit Worten ein System bereiten.
An Worte lässt sich trefflich glauben,

Von einem Wort lässt sich kein Jota rauben.[76]

17. *Statt die Gegenwart zu gestalten, bearbeite die Vergangenheit; so geht Geschichtsklitterung.*

Es ist nicht einzusehen, wieso ein kreativer Umgang mit Überlieferung und Erinnerung in so schlechtem Rufe steht. Sogar das unappetitliche Kunstwort *Geschichtsklitterung* ist hierfür geschaffen worden. Helden ihrer Anprangerung geben sich unfreiwillig als Schüler des Konfusius zu erkennen! Das gilt nicht zuletzt für den seinerseits einen großen Entlarver darstellenden George Orwell:

Die Partei sagte, daß Ozeanien sich nie mit Eurasien verbündet hatte. Er, Winston Smith, wußte, daß Ozeanien vor noch nicht einmal vier Jahren mit Eurasien verbündet gewesen war. Aber wo exisitierte dieses Wissen? Nur in seinem eigenen Bewußtsein, das ohnehin bald ausgelöscht werden würde. Und wenn alle anderen die von der Partei oktroyierten Lügen akzeptierten – wenn alle Berichte gleich lauteten -, dann ging die Lüge in die Geschichte ein und wurde Wahrheit. „Wer die Vergangenheit kontrolliert", lautete die Parteiparole, „kontrolliert die Zukunft, wer die Gegenwart kontrolliert, kontrolliert die Vergangenheit." Und doch war die Vergangenheit, so veränderbar sie ihrer Natur nach war, nie verändert worden. Was jetzt wahr war, blieb wahr für alle Zeiten. Es war ganz einfach. Es erforderte nichts weiter als eine nicht abreißende Siegesserie über die eigene Erinnerung.

„Realitätskontrolle" nannte man das, in Neusprech: „Doppeldenk".[77]

76 Faust, Erster Teil (Zeilen 1190-2000)

77 George Orwell: 1984 – Roman, übers. von Michael Walter, Ullstein, Berlin, 43. Auflage 2017, S. 45

18. ***Wer anderer Ansicht ist als du, dem gebricht es am Verstand. Wer seine abweichende Meinung auch noch zu äußern oder gar zu leben wagt, dessen Wesen (Charakter) ist fehlerhaft! Solche Leute erzeugen Zorn und dürfen sich über dessen Auswirkungen nicht wundern. Sie bedürfen entschieden einer strengen Nacherziehung und müssen Opfer bringen oder sogar dazu gemacht werden!***

Der Konfusius als Erzieher: klar, konsequent, unbeirrbar, vorbehaltlos, Schule machend. Wirklich? Ohne diese Weisheit des Konfusius wären Maßnahmen wie die Beichte, unzählige Straftatbestände und alle Arten von Umerziehung (einschließlich entsprechende Lager und sogenannte Kliniken) undenkbar. Wirklich? Oder führt uns der Konfusius wohl eher besonders drastisch vor Augen, wie Unterdrückung funktioniert? Die Existenz all solch abstrakter Dinge (beispielsweise Psychiatrisierung) wie auch der Einsatz konkreter Einrichtungen beweist, wie aktuell der Konfusius immer noch ist!

19. ***Erzählungen werden mit der Zeit von selbst zur Wahrheit. Die Gestalten aus den Erzählungen werden zu Vertretern der Wahrheit.***

Konfuzius erlaubt sich eine eigene Darstellung:

Der Meister sprach: „Die Menschen können die Wahrheit verherrlichen, nicht verherrlicht die Wahrheit die Menschen.[78]

78 Kungfutse: Gespräche – Lün Yu, übers. und hrsg. von Richard Wilhelm, Diederichs, Köln 1955, S. 160 (Buch XV, 28, *Die Wahrheit und ihre Vertreter*)

20. *Das Gedächtnis der Welt ist ewig, aber das des Menschen wie ein Putzlappen: Alles saugt es auf, und alles kann man herauswringen.*

Dem Walther Rathenau scheint nur der erste Teil dieses Spruches zugesagt zu haben: *Das Gedächtnis der Welt ist ewig.*[79]

21. *Schöne Worte bedürfen keines Wahrheitsgehaltes.*

In China gibt es das Sprichwort *Lasse deine Worte wertvoller sein als dein Schweigen!*

Laotse lehrt:
Wahre Worte sind nicht schön,
schöne Worte sind nicht wahr.
Tüchtigkeit überredet nicht,
Überredung ist nicht tüchtig.
Der Weise ist nicht gelehrt,
der Gelehrte ist nicht weise.
Der Berufene häuft keinen Besitz auf.
Je mehr er für andere tut,
desto mehr besitzt er.
Je mehr er anderen gibt,
desto mehr hat er.
Des Himmels SINN ist fördern, ohne zu schaden.
Des Berufenen SINN ist wirken, ohne zu streiten.[80]

79 Walther Rathenau: Auf dem Fechtboden des Geistes – Aphorismen aus seinen Notizbüchern, hrsg. von Karl G. Walther, Verlag der Greif, Walther Gericke, Wiesbaden 1953, S. 62

80 Laotse: Tao Te King – Das Buch vom Sinn und Leben, übersetzt und mit einem Kommentar versehen von Richard Wilhelm, Eugen Diederichs Verlag, Köln 1978 (Kassettenausgabe 1982), Rede 81, S. 124

All das zeigt, dass das Wort des Konfusius auch nach Osten vordrang und auch dort eingewoben wurde in das, was man so gerne Volksweisheit nennt.

Aber auch moderne fernöstliche und nächstwestliche Verwerter der Weisheit des Konfusius sind leicht auszumachen. Da rückstandlose Aufklärung und vollständige Gewissheit häufig nicht in Frage kommen, können wir es mit dem Reisenden aus Akira Kurosawas Film „Rashomon“ halten, der (auf den Konfusius zurückgreifend) auf die Bemerkung des Priesters, Menschen seien schwach, lögen und belögen einander und sogar sich selbst, knapp feststellt: *Ich habe nichts gegen Unwahrheiten, solange sie unterhaltsam sind.*[81]

Eine Geschichte muss also nicht unbedingt stimmen, wenn sie nur gut ist. Das räumt auch der Erzähler in „Der Kleine Prinz“ ein, dessen Verfasser Antoine de Saint-Exupéry eine gehaltvolle Anleihe bei dem Konfusius nimmt: *Wenn man jemanden beeindrucken will, kommt es vor, dass man ein bisschen schwindelt.*[82] Der unverbesserli-

81 Kurosawa schuf mit „Rashomon“ im Jahre 1950 ein filmisches Meisterwerk. Er griff dabei auf zwei Geschichten des in Japan sehr bekannten Schriftstellers Ryunosuke Akutagawa (betont: Ak'tagawa) zurück: „Rashomon“ von 1915 und „Im Dickicht“ von 1921. In der titelgebenden Geschichte geht es um das im Jahre 789 erbaute Haupttor, das halbzerfallen zum Tummelplatz für Verbrecher und zu einem Lager für die Leichen Verschwundener verkam. Akutagawa beschreibt einen dort stattfindenden Überfall auf eine alte Frau, die den Leichen die Haare ausrupft, um daraus Perücken zu machen. Die andere Geschichte Akutagawas ist das bekannte Meisterwerk, das von dem gewaltsamen Tod eines Kriegers erzählt, wobei der Räuber und Mörder Tajomaru und die Frau des Toten als Täter in Frage kommen, aber auch eine Selbsttötung nicht unwahrscheinlich ist. Kurosawa schafft eine Rahmenhandlung. Zwei Zeugen, der Priester und ein Holzfäller, rätseln über den unaufgeklärten Fall, und ein Reisender sucht während eines Unwetters mit ihnen Schutz unter der Torruine. Das Gespräch dreht sich um den Tod des Kriegers und um das Verhältnis der Menschen zur Wahrheit bzw. deren Gegenteil. In Akutagawas Text findet sich die oben zitierte Bemerkung des ulkigen Reisenden nicht, wohl aber in Kurosawas Film (Minute 37:00 bis 37:20).

82 Antoine de Saint-Exupéry: Der Kleine Prinz, mit den Zeichnungen des Verfassers, übers. von Marion Herbert, Anaconda, Köln, 2015, S. 57

che Oscar Wilde muss natürlich noch weiter gehen: *Die endgültige Offenbarung ist, dass Lügen, die Verbreitung schöner Unwahrheiten, der angemessene Zweck der Kunst ist.*[83]

22. *Eine Halbwahrheit verhält sich zur Wahrheit wie Würgeisen oder Morgenstern zum Dreschflegel. Dieser kann nützen, jene nur schaden.*
Alle legen immer Wert auf die reine Wahrheit, ohne sich um deren Vollständigkeit zu kümmern. Du kannst den Wissensstand deiner Umgebung also wunderbar steuern durch das Weglassen bestimmter Einzelheiten, manchmal sogar noch besser als durch das Hinzuerfinden unrichtiger Dinge.

Ein – unübersehbar sich dem Konfusius verdankendes und demselben lebhaft beipflichtendes – jiddisches Sprichwort lautet: *Eine halbe Wahrheit ergibt eine ganze Lüge.*

Das greift Arthur Schnitzler auf und hebt hervor: *Eine sogenannte Halbwahrheit, sie mag sich aufspielen, wie sie will, wird niemals eine ganze Wahrheit werden. Ja, wenn wir ihr nur scharf genug ins Auge sehen, so ist sie immer eine ganze Lüge gewesen.*[84]

Beiläufig sei bemerkt, dass die erste Erwähnung von Würgeisen, neuerdings Tschako genannt, und Morgenstern lange vor dem Mittelalter erfolgt, und zwar durch den Konfusius.

83 Oscar Wilde: The Decay of Lying, in: Complete Works, p. 1071-1092, Harper Collins, London, 5th ed. 2003, p. 1091f. Originaltext: *The final revelation is that Lying, the telling of beautiful untrue things, is the proper aim of art..*

84 Arthur Schnitzler: Aphorismen und Betrachtungen – Buch der Sprüche und Bedenken (Verantwortung und Gewissen, Nr. 46), Fischer Taschenbuch Verlag, Frankfurt am Main 1993, S. 55

23. Wahres und Falsches lassen sich leicht verwechseln und darum auch vermengen. Das gilt auch für Falsches und Wahres.

Georg Christoph Lichtenberg stellt schwermütig fest: *Es gibt Wahrheiten, die so ziemlich herausgeputzt einhergehen, daß man sie für Lügen halten sollte, und die nichts desto weniger reine Wahrheiten sind.*[85]

Winston Churchill bringt es fertig, diese Weisheit lustig aufzutischen: *Es gibt entsetzlich viele Lügen auf der Welt, und am schlimmsten ist, dass die Hälfte davon auch noch stimmt.*[86] Kaum bitterer ist Churchills Empfehlung für den ernstesten aller Fälle: *In Kriegszeiten ist die Wahrheit derart wertvoll, dass sie von einer Leibwache aus Lügen begleitet werden sollte.*[87]

24. Was einmal als möglich gilt, gilt bald als wahr. Was erst einmal als wahr gilt, verschafft sich mit der Zeit zunehmend Geltung.

Die drei letzten besonders gehaltvollen Feststellungen des Konfusius wirken wie ein Zündfunke für deutsche und österreichische Nach-Denker. Beispielhaft ein kleines Feuerwerk kluger Nach-Redner:

Marie von Ebner-Eschenbach: *Ein Urteil lässt sich widerlegen, aber niemals ein Vorurteil.*[88]

---

85 Georg Christoph Lichtenberg: Schriften und Briefe, Zweiter Band, Sudelbücher II, Carl Hanser Verlag, München 1971, S. 181 (Heft H, Nr. 27)

86 Simon Paige: The Very Best of Winston Churchill – Quotes from a British Legend, Amazon Fulfillment 2014, p. 34. Original: *“There are a terrible lot of lies going about the world, and the worst of it is that half of them are true.”*

87 A.a.O., p. 38. Original: *“In wartime, truth is so precious that she should always be attended by a bodyguard of lies.”*

88 Nochmals:Marie von Ebner-Eschenbach: Aphorismen, Reclam, Stuttgart 1988 und 2022, S. 7

Ernst von Feuchtersleben: *Das Halbwahre ist verderblicher als das Falsche.*[89]

Johann Wolfgang von Goethe: *Einer neuen Wahrheit ist nichts verderblicher als ein alter Irrthum.*[90]

Georg Christoph Lichtenberg: *Die gefährlichsten Unwahrheiten sind Wahrheiten mäßig entstellt.*[91]

Erneut Lichtenberg: *Natürlich der plausible Irrtum findet weniger Widerstand in der Welt als die Wahrheit.*[92]

Fast wortgleich einer, der sich bei Lichtenberg bedient: *Ein plausibler Irrtum überzeugt mehr als eine komplizierte Wahrheit.*[93]

Friedrich Nietzsche: Feinde der Wahrheit.- *Ueberzeugungen sind gefährlichere Feinde der Wahrheit, als Lügen.*[94]

25. Trage allzeit eine Miene tapfer ertragenen Leides zur Schau, auf dass man sich dir gegenüber auf unbestimmte Weise schuldig und somit unterlegen fühle; stöhne du dabei, aber fast unmerklich leise.

26. Geh mit deiner Wahrnehmung über alles hinweg, was dir an dir selbst oder deinem Tun missfällt.

27. Stetig verstetigt sich die Stete.

89 Ernst von Feuchtersleben: Sämtliche Werke und Briefe. Kritische Ausgabe, hrsg. von Herbert Seidler und Hedwig Heger, Wien 1989, Band 3, S. 194

90 Johann Wolfgang von Goethe: Maximen und Reflexionen, (Aus Wilhelm Meisters Wanderjahren, Nr. 715), Reclam, Stuttgart 2021, S. 119

91 Georg Christoph Lichtenberg: Schriften und Briefe, Zweiter Band, Sudelbücher II, Carl Hanser Verlag, München 1971, S. 181 (Heft H, Nr. 24)

92 A.a.O., S. 564 (Undatierbare Bemerkungen, Nr. 79)

93 Hans-Jürgen Quadbeck-Seeger: Im Labyrinth der Gedanken, Selbstverlag über books on demand, Norderstedt 2005, S. 89

94 Friedrich Nietzsche: Menschliches, Allzumenschliches I, Neuntes Hauptstück, Spruch 483, 2. Band der Kritischen Studienausgabe in 15 Bänden, hrsg. von Giorgio Colli und Mazzino Montinari, de Gruyter, Berlin 1967ff, Neuausgabe dtv Verlagsgesellschaft, München, 3. Auflage 2005, S. 317

Schöner kann man einen Aufschaukelungsvorgang und das Prinzip der Selbstverstärkung nicht zum Ausdruck bringen. Bedauerlicherweise ist nicht nur dieses Wissen des Konfusius über Jahrhunderte verschüttet gewesen, sondern gänzlich verloren ging auch das alte deutsche Hauptwort *Stete*. Heute lateinisiert man von *Kontinuität*, teils sogar schon verkürzt als *Kontität* anzutreffen!

28. *Pflichtgefühl wurzelt in Furcht, so wie Gesetzestreue.*

29. *Pflicht ist ein Bindemittel für Schuld. Bezeichne einfach deine Fehltritte als deine Pflicht – vor dir selbst und vor allem dann, wenn du angeklagt bist!*

Im Angesicht des Galgens schreibt Anfang 1947 – seine Selbstergriffenheit unter Anwendung der letzten beiden Weisheiten erfolgreich beibehaltend – ein Mann in seiner Zelle: *Mag die Öffentlichkeit ruhig weiter in mir die blutrünstige Bestie, den grausamen Sadisten, den Massenmörder sehen – denn anders kann sich die breite Masse den Kommandanten von Auschwitz gar nicht vorstellen. Sie würde doch nie verstehen, daß der auch ein Herz hatte, daß er nicht schlecht war.*[95]

Auch Bernard Shaw greift auf die letzten beiden Sprüche des Konfusius zurück, wenn er feststellt: *Wenn ein dummer Mensch etwas tut, dessen er sich schämt, wird er immer erklären, es sei seine Pflicht.*[96]

95 Martin Broszat (Hrsg.): Kommandant in Auschwitz, Autobiographische Aufzeichnungen des Rudolf Höß, Deutscher Taschenbuch Verlag, München, 16. Auflage 1998, S. 235

96 Bernard Shaw: „Caesar und Cleopatra“ (III. Akt), zitiert nach: Bernard Shaw: The Complete Works of George Bernard Shaw (1893-1921), Oxford City Press, Oxford 2012, S. 299a: *When a stupid man is doing something he is ashamed of he always declays that his duty.*, Übersetzung aus: Bernard Shaw: Lektüre für Minuten – Ausgewählte Gedanken aus seinem Werk, ohne Angabe zum Übersetzer, Suhrkamp Verlag, Frankfurt am Main 2000, S. 129

Abgeklärt ist auch Ernst Hohenemser: *Pflicht?! – Es ist ein Umweg zum guten Gewissen! Pflicht?! Es ist Angst!*[97]

30. *Streite jede Schuld grundsätzlich, immer und unbeirrbar ab.*

Andere Worte für dasselbe Vorgehen findet Ernst Hohenemser: *Nichts langweilt die Menschen mehr, als wenn man sie zwingen will, ein Unrecht einzusehen oder gar zu bekennen.* Und: *Es ist nicht deine Schuld?! Desto schlimmer! Du hast keine Hoffnung, dich zu bessern.*[98]

31. *Hilf dir durch Vergessen und die Verbreitung desselben! Missliebige Erinnerungen lassen sich dahingehend unterscheiden, ob es fremde oder eigene sind. Welche davon übler sind, ist oft unklar. Das Gegenmittel ist ein-fach: Am besten bekämpfst du all diese Ärgernisse gleichzeitig. Erzähle neu, dichte um, nach innen wie nach außen.*

Meisterhaft leugnete Klaus Barbie, der legendäre Schlächter von Lyon und ehemalige SS-Sturmführer: Ende der 1980er stand er am Ort seiner Untaten vor Gericht, nachdem er sich jahrelang als „Klaus Altmann" in einem südamerikanischen Versteck verborgen hatte. Dort brachte Barbie, aus bürgerlichen Verhältnissen in der Eifel stammend, seinen Standpunkt in einer wüsten Mischung aus Spanisch und Französisch auf den Punkt: *Yo hé olvidé! (Ich habe ver-*

97 Ernst Hohenemser: Aphorismen, Hirth, München 1918, Nr. 716 (S. 146) . Neuausgabe von Ernst Hohenemser: Aphorismen, Lulu, o.O. 2022, S. 96

98 A.a.O., Nr. 91, (S. 25) und Nr. 1337, S. 265

gessen!) Dann schob er nach: *Wenn* Sie *nicht vergessen können, dann ist das* Ihr *Problem!*[99]

Elias Canetti behauptet: *Feig, wirklich feig ist nur, wer sich vor seinen Erinnerungen fürchtet.*[100] Zustimmend schreibt Emanuel Wertheimer: *Ein böses Gewissen ist oft nur die Folge eines guten Gedächtnisses.*[101] Auch Ernst Hohenemser ist einverstanden: *Wer vergeßlich ist, hat auch kein Herz.*[102]

Aber was ist mit fremden Erinnerungen, vor denen man sich fürchtet? Hier übersteigt die Ausführung des Konfusius die Ansicht des Nobelpreisträgers Canetti bei weitem.

32. *Wenn erst deine Zuhörer dir glauben, dann kannst du dein Darstellungen als Wahrheit annehmen.*

Der gefeierte Meisterdenker mit dem hypnotischen Stil, Friedrich Nietzsche, greift erkennbar herzhaft zu, wenn er Anleihen bei dem Konfusius nimmt und dieselben ordentlich ausschlachtet:

Ihr ladet euch einen Zeugen ein, wenn ihr von euch gut reden wollt; und wenn ihr ihn verführt habt, gut von euch zu denken, denkt ihr selber gut von euch.[103]

---

99 Klaus Barbie, ehemaliger „Schlächter von Lyon", sprach so 1987 vor Gericht in Lyon, zu sehen in dem Film „Hotel Terminus" von Max Ophüls.

100 Elias Canetti: Die Provinz des Menschen – Aufzeichnungen 1942-1972, Haser, München 1972, S. 190

101 Emanuel Wertheimer: Das Buch der Weisheit – Aphorismen, Zweite Auflage und neue Folge, Hoffmann und Campe, Hamburg und Berlin 1920, S. 55. Neuausgabe von Emanuel Wertheimer: Buch der Weisheit. Aphorismen, 3. Auflage, Lulu, o.O. 2020, S. 26

102 Ernst Hohenemser: Aphorismen, Hirth, München 1918, Nr. 79 (S. 23) . Neuausgabe von Ernst Hohenemser: Aphorismen, Lulu, o.O. 2022, S. 16

103 Friedrich Nietzsche: Also sprach Zarathustra I (Die Reden Zarathustras – Von der Nächstenliebe), Band 4 der Kritischen Studienausgabe in 15 Bänden, hrsg. von Giorgio Colli und Mazzino Montinari, de Gruyter, Berlin 1967ff, Neuausgabe dtv Verlagsgesellschaft, München, 19. Auflage 2021, S. 78

33. Es geht nie um den Inhalt, sondern immer und ausschließlich um den Ton. Das Hirn mag die Worte ersinnen, doch das Herz schlägt den Ton an.

Wie geläufig uns – ohne unser bewusstes Wissen! – der Konfusius ist, das zeigt sich oft daran, dass sich offensichtlich auch der Volksmund bei dem Konfusius bediente. So heißt es: *Der Ton macht die Musik.*

34. Wenn das Herz voll ist, dann klingt der Mund dem entsprechend.

Lange vor der Entstehung der nicht zuletzt auf ihn zurückgehenden Bibel liefert der Konfusius eine wohltuend klare Exegese von Lukas 6,45.

Ein guter Mensch bringt Gutes hervor aus dem Schatz seines Herzens; und ein böser Mensch bringt Böses hervor aus dem bösen Schatz seines Herzens. Denn wes das Herz voll ist, des geht der Mund über.

35. Schwätz daher, wie es dir gerade in den Sinn kommt oder beliebt, und behaupte zur Not, man habe dich mutwillig falsch verstanden.

Martin Luther verknappt bildgewaltig: *Ein Wort ist an kein keten gebunden.*[104]

Karl Kraus meint: *Wes das Herz leer ist, des gehet der Mund über.*[105]

Salomo hat verstanden und warnt (4. Kapitel, 25. Spruch): *Tue von dir den verkehrten Mund und laß das Lästermaul ferne von dir sein.*

---

104 Martin Luther: Fabeln und Sprichwörter, Hrsg. von Reinhard Dithmar, Insel Verlag Frankfurt am Main und Leipzig, 2. Auflage 2016, 329. Spruch, S. 189 (Originalschreibweise)

105 Karl Kraus: Aphorismen, hrsg. von Christian Wagenknecht, Suhrkamp, Frankfurt am Main 1986, S. 156

36. Fester Ernst und heilige Weihe verleihen deiner Rede Gewicht und Inhalt.

37. Auch deine Eifersucht hat als edle Leidenschaft zu gelten!

Hier bediente sich unübersehbar der österreichische Dichter Franz Grillparzer. Er schrieb 1830 in seinen Epigrammen: *Eifersucht ist eine Leidenschaft, die mit Eifer sucht, was Leiden schafft.*[106]

38. Wenn man dir in der Sache hart zusetzt, so empöre dich edel.

39. Verwirre, wo du nicht überzeugen kannst. Denn je mehr du redest, desto mehr Fünkchen von Wahrheit enthält deine Rede.

Es war schon sehr klug, was der Kölner Psychologie-Professor Udo Undeutsch zur Unterscheidung glaubhafter Aussagen von falschen erklärte:

Unmittelbarkeit, Farbenfülle und Lebendigkeit, sachliche Richtigkeit und psychologische Stimmigkeit, Folgerichtigkeit der Abfolge, Wirklichkeitsnähe, Konkretheit, Detailreichtum, Originalität und – entsprechend der Konkretheit jedes Vorfalls und der jeweiligen Erlebnisweise eines jeden Beteiligten – individuelles Gepräge. Wer etwas erzählt, was er nicht selbst in der Realität erlebt hat, spricht unvermittelt davon „wie der Blinde von den Farben“.[107]

106 Franz Grillparzer: Epigramme, Holzinger, Berlin 2013, S. 59

107 Udo Undeutsch (Hrsg.): Forensische Psychologie, Handbuch der Psychologie in 12 Bänden, 11. Band, Hogrefe, Göttingen 1967, darin: „Die Beurteilung der Glaubhaftigkeit von Zeugenaussagen“, S. 26-181 (Zitat: S. 125f), ähnlich: Udo Undeutsch: Die Aussagepsychologische Realitätsprüfung, in: Sibylle Kraheck-Brägelmann (Hrsg.): Die Anhörung von Kindern als Opfer sexu-

Aber all diese Klugheit lässt sich unschwer auf den – auch von Undeutsch nicht erwähnten! – Konfusius zurückführen!

40. ***Wiederholung schafft Wahrheit. Jedoch wiederhole deine Rede nicht so, dass der begriffsstutzige Zuhörer sich für dumm gehalten fühle, sondern in stets ähnlichen – nie jedoch genau gleichen! – Worten endlos.***

41. ***Lautstärke schafft Wahrheit.***

Die letzten beiden Sinnsprüche mag man so verstehen, dass der Konfusius zu den Mitteln der Wiederholung bzw. der Lautstärke rate. Jedoch ist durchaus denkbar, dass er diese beiden Mittel lediglich benennt und damit sichtbar macht, mitsamt ihren Auswirkungen.

42. ***Kleide fremdes Wissen in deine eigenen Worte.***

43. ***Nicht wer etwas ersonnen hat, sondern wer es bekanntgibt, der gilt als dessen Urheber.***

Armer Meister Konfusius! Diesen Euren Rat aus den letzten beiden Sprüchen befolgt auf Eure Kosten nun wirklich jeder![108] Marie von Ebner-Eschenbach tut dies besonders direkt: *Wohl finden wir unsere Worte auf den Lippen der Freunde wieder, aber nicht mehr als unser, sondern als ihr Eigentum.*[109]

ellen Mißbrauchs, Hanseatischer Fachverlag für Wirtschaft, Rostock 1993, S. 69-162 (vor allem S. 134-136)

108 Anmerkung eines ungenannten Unbekannten: Ja, und ob!!! Vor allem dieser Hagebutt!!!!!

109 Marie von Ebner-Eschenbach: Aphorismen, Reclam, Stuttgart 1988 und 2022, S. 88

44. ***Du kannst jederzeit*** **Ja** ***sagen, aber immer auch*** **aber*****. Und je besser du um das*** **Aber** ***weißt, desto besser kannst du wiederum*** **Ja** ***sagen.***

45. ***Frage, wer was weiß, aber rede leer auf die Frage, was du wissest.***

46. ***Vieles, was als Frage daherkommt, zielt nicht ab auf Wissensaustausch, sondern ist eine verdeckte Aufforderung zu einer dem scheinbar Fragenden dienlichen Handlung.***

Wunderbar entlarvt der Konfusius Zeitdiebe und Nervensägen der Gattung *Kannste-nich-mal-eben-mal-schnell…?*

47. ***Wenn jeder seine Arbeit tut, dann ist alles getan und alle können zufrieden sein. Vor allem hat niemand Anlass, andere zu schelten!***

Der Volksmund rät entsprechend: *Ein jeder kehr‘ vor seiner Tür, da hat er Dreck genug dafür!*

48. ***Stillstand und Raserei müssen einander nicht ausschließen; drum lebe den rasenden Stillstand.***

49. ***Kreise ohne Ziel noch Richtung, jedoch mit Geschwindigkeit.***

50. ***Mancher taugt nicht einmal zum Versager!***

IV. Wissen und Erkenntnis

1. ***Du musst nichts Neues lernen, wenn du schon alles kennst und kannst. Und du musst auch nichts Neues denken, wenn du alles schon weißt.***

2. ***Wer nicht weiß, dass er nichts weiß, der weiß genug.***

3. ***Erkenne, was du weißt, und belasse es dabei, um dich nicht zu verwirren.***

4. ***Kein Du soll mein Ich und mein Mich stören.***

Der Zarathustra-Rede „Vom Freunde" des dichterischen Leitsterns der deutschen Poetischen Philosophie, Friedrich Nietzsche, ist der anregende Einfluss des Konfusius anzumerken:

„Einer ist immer zu viel um mich" – also denkt der Einsiedler. „Immer einmal eins – das gibt auf die Dauer zwei!" Ich und Mich sind immer zu eifrig im Gespräche: wie wäre es auszuhalten, wenn es nicht einen Freund gäbe?[110]

Folgender Sinnspruch des Seelenarztes und Philosophen Viktor E. Frankl geht ebenfalls unübersehbar auf den Einfluss des Konfusius zurück: *Das Ich wird zum Ich erst am Du.*[111]

Wie selbstverständlich man sich der Sinnsprüche des Konfusius bedient, zeigt ein Zitat aus einer beliebigen Philosophievorlesung

110 Friedrich Nietzsche: Also sprach Zarathustra I (Die Reden Zarathustras – Vom Freunde), Band 4 der Kritischen Studienausgabe in 15 Bänden, hrsg. von Giorgio Colli und Mazzino Montinari, de Gruyter, Berlin 1967ff, Neuausgabe dtv Verlagsgesellschaft, München, 19. Auflage 2021, S. 71

111 Viktor Frankl: Der Mensch vor der Frage nach dem Sinn (Text: „Ärztliche Seelsorge" von 1946), Piper, München, 17. Auflage 2004, S. 199

aus dem Deutschland der Zeit des Mauerfalls: *Das Ich ist eine Einheit, die sich in sich in Einheit und Unterschied unterscheidet.* [112]

Unschwer zu erkennen ist, dass sich mit Friedrich Hölderlin schon der Welt bahnbrechendster Erkenntnistheoretiker bei dem Konfusius bediente: *Urtheil ist im höchsten und strengsten Sinn die ursprüngliche Trennung des in der intellectualen Anschauung innigst vereinigten Objects und Subjects, diejenige Trennung, wodurch erst Object und Subject möglich wird, die Ur-Theilung. Im Begriffe der Theilung liegt schon der Begriff der gegenseitigen Beziehung des Objects und Subjects aufeinander, und die nothwendige Voraussetzung eines Ganzen, wovon Object und Subject die Theile sind.*[113]

5. Sobald und solange du weißt, dass du bist, bist du. Und sobald und solange du weißt, dass du du bist, bist du du. Und wenn und solange ich denke, dass ich es bin, der da denkt, dann also bin ich ich. Das nennen wir *Selbigkeit.*

Der letzte Sinnspruch ist bahnbrechend und stellt **das** Fundament zeitloser internationaler Erkenntnistheorie dar. Niemand geringeres als Aristoteles gilt als der Urheber des Begriffes *Selbigkeit*, womit er die *Einheit des Seins* meint.[114]

112 Dieser zauberhafte Satz fiel in einer Vorlesung des Kölner Philosophie-Professors Ulrich Wienbruch, ungefähr im Jahre 1989. In Wienbruchs Buch „Das bewusste Erleben – Ein systematischer Entwurf“ (Königshausen & Neumann, Würzburg 1993) ist er leider nicht zu finden.

113 Friedrich Hölderlin: Urtheil und Seyn (1795), Große Stuttgarter Ausgabe (hrsg. v. Friedrich Beissner, 1961, zitiert nach: Manfred Frank (Hrsg.): Selbstbewußtseinstheorien von Fichte bis Sartre, Suhrkamp, Frankfurt am Main 1991, S. 16f

114 Aristoteles: Metaphysik, Buch V, 9. Kapitel, 1018b

Jean-Jacques Rousseau führt aus: *Das Gedächtnis stellt die Grundlage des Selbstgefühls (le sentiment de l'identité) in allen Augenblicken des Lebens eines Menschen dar. Dadurch wird er erst eine Einheit, derselbe, und in der Folge fähig zu Heil oder Unheil.*[115]

John Locke erklärt: *Die Identität einer Person reicht bis zu der ersten Tat oder dem ersten Gedanken zurück, je nachdem was das Bewusstsein sich zuschreibt.*[116]

Das Wörtchen *also* in dem vorstehenden Sprüchlein kann hier nicht hoch genug eingeschätzt werden, denn damit nimmt der Konfusius Leibniz' Feststellung von der Einheit des Ich als *rationales Postulat*[117] vorweg. Für einen denselben Sachverhalt erläuternden Satz von Schelling gilt dasselbe: *Das Ich ist nichts anderes als ein sich selbst zum Objekte werdendes Produzieren, d.h. ein intellektuales Anschauen.*[118] Die Identität der Subjekt-Objekt-Duplizität, das vollständige Ich aus zugleich Subjekt und Objekt, ausgedrückt in dem Satz *daß Ich=Ich*[119], ist also gefolgert.[120]

All diese Denker, Aristoteles, Rousseau und Locke, Leibniz und Schelling und mit ihnen der *Satz der Identität* verdanken dem Konfusius so viel, dass sie alle ohne ihn nicht denkbar wären. Man wünschte sich durchaus, sie und auch ihre westeuropäischen Heimatländer wären ihm angemessen dankbar!

Der Herausgeber ist fest davon überzeugt, dass auch der *Satz der Kausalität* auf unseren altehrwürdigen Meister, den Konfusius,

115 Jean-Jaques Rousseau: „Emile, Livre sécond", in: Emile ou de l'éducation, Garnier, Paris 1961, S. 61

116 John Locke: An Essay Concerning Human Understanding", Buch II, Kapital XXVII, Hrsg. von J. W. Yolton, Dent, London, 4. Auflage 1967, S. 281

117 Leibniz, Gottfried Wilhelm: Hauptschriften zur Grundlegung der Philosophie, Band I, hrsg. von Artur Buchenau und Ernst Cassirer, Meiner, Leipzig, 2. Auflage 1924, S. 198

118 Schelling, Friedrich Wilhelm Johann: System des transzendentalen Idealismus, Meiner, Hamburg 1957, S. 38

119 A.a.O., S. 40

120 Vgl. ebd.

zurückzuführen ist, und wird zu weiteren Forschungs- und Entdeckungsreisen aufbrechen.

6. ***Erkennst du immer dasselbe, so bleibt das Gewusste unverändert. Und hat es solchermaßen Bestand, so wird dein Wissen immer fester und unabänderlich(er). Und dann weißt du, dass du alles weißt!***

7. ***Wenn die Erkenntnis nur noch auf bekannte Inhalte trifft, dann herrscht Gewissheit, – und mit ihr die höchste und gleichzeitig letzte Weisheit.***

8. ***Auch der größte Unsinn kann noch Steigerung erfahren.***

Eine verallgemeinernde Redewendung besagt: *Schlimmer geht's immer.*

9. ***Was nicht falsch ist, muss noch lange nicht richtig sein!***

Die Erklärer sagen: „Richtiges Auffassen einer Sache und Mißverstehen derselben Sache schließen einander nicht vollständig aus.“ Die Weisheit, welche Josef K. in Franz Kafkas Roman *Der Prozeß*[121] empfängt, geht eindeutig auf den Konfusius zurück. Kafka besitzt den Anstand, die *Erklärer* zu erwähnen, und wir alle wissen, wen er damit meint!

10. ***Dem Übermut folgt der Untergang.***

121 Franz Kafka: Der Prozeß, Fischer Taschenbuchverlag, Frankfurt am Main 1983, S. 185

Eine Redensart besagt: *Hochmut kommt vor dem Fall.* Der Dunning-Kruger-Effekt beschreibt, dass Dummheit zur Unkenntnis bezüglich der eigenen Schwächen führt, und die Unfähigkeit zu einer angemessenen Selbsteinschätzung aus sich selbst heraus fortbesteht.

11. ***Halbwissen ist das beste Gift. Irrwitz ist das allerbeste Gift.***

Ernst Hohenemser[122] pflichtet bei: *Ein Dummkopf ist nie dümmer, als wenn er etwas weiß.* Und: *Die Blindesten sind die, welche zu sehen glauben.*

12. ***Oft ist es von Vorteil, dumm sein zu können. Manchmal bleibt einem auch kein anderer Rückzug als der in die eigene Dummheit. Also sieh zu, dass du bei Bedarf dumm genug bist, möglichst gleich der Dümmste.***

13. ***Wer sich nicht kennt, kann nicht wissen, dass er sich nicht kennt. Der Dummheit bleibt ihr eigenes Wesen immer verborgen. Denn die Dummheit ist zu dumm zu erkennen, dass sie dumm ist.***

So stellt es auch Platon fest, als er Sokrates in dessen Apologie[123] (21 a-d) eine Erklärung abgeben lässt. Vorausgegangen war, dass ein Freund des Sokrates das Orakel von Delphi gefragt hatte, ob jemand weiser sei als Sokrates. Das Orakel hatte verneint, und Sokrates wollte es widerlegen, indem er einen noch größeren Weisen

122 Hohenemser: Aphorismen, Hirth, München 1918, Nr. 358 (S. 72) und Nr. 1560 (S. 316) . Neuausgabe von Ernst Hohenemser: Aphorismen, Lulu, o.O. 2022, S. 48 bzw. S.207

123 Platon: Apologie des Sokrates, Reclam, Stuttgart 1986, übers. und Hrsg. von Manfred Fuhrmann, S. 19

ausfindig machte. Er suchte jemanden von einschlägigem Ruf auf, dessen Namen er vornehmerweise verschweigt. *Es war einer unserer Staatsmänner.* (21c) Sokrates prüfte diesen Mann dann genau, und erzählt, *daß dieser Mann wohl weise zu sein schien – nach dem Urteil vieler anderer Leute und vor allem nach seinem eigenen -, ohne es indessen wirklich zu sein, und ich versuchte ihm klarzumachen, daß er sich zwar einbildete, weise zu sein, daß er es jedoch nicht war. So kam es, daß ich mich bei ihm und bei vielen Anwesenden verhaßt machte.* Dann folgt die entscheidende Feststellung des Sokrates, die reichlich verknappt und ungenau auf die weltbekannte Formel gebracht wird: Ich weiß, dass ich nichts weiß.

Platons Sokrates schlussfolgert (21d): *Im Vergleich zu diesem Menschen bin ich der Weisere. Denn wahrscheinlich weiß ja keiner von uns etwas Ordentliches und Rechtes; er aber bildet sich ein, etwas zu wissen, obwohl er nichts weiß, während ich, der ich nichts weiß, mir auch nichts zu wissen einbilde. Offenbar bin ich im Vergleich zu diesem Mann eine Kleinigkeit weiser, eben darum, daß ich, was ich nicht weiß, auch nicht zu wissen glaube.*

Ähnliches stellt, im Vorfeld des Zweiten Weltkrieges, Bertrand Russell, Träger des Nobel-Gedenkpreises für Literatur des Jahres 1950, fest:

The fundamental cause of the trouble is that in the modern world the stupid are cocksure while the intelligent are full of doubt. (Ursache aller Übel der Neuzeit ist, dass die Dummen vor Selbstsicherheit strotzen, während die Klugen von ihren eigenen Zweifeln zerfressen werden.) [124]

124 Bertrand Russell: The Triumph of Stupidity, in: Mortals and Others Vol. II, American Essays 1931-1935, Routledge, London/New York 1998, S. 28. Neu ist dieser Ansatz nicht. Schon Sokrates soll gesagt haben: „Der Kluge lernt aus allem und von jedem [*zu ergänzen wäre*: und ist ohnehin vorausschauend], der Durchschnittsmensch lernt aus Erfahrung, und der Dumme weiß alles besser!"

Ernst Hohenemser beobachtet: *Die meisten Menschen beobachten nicht: am wenigsten, daß sie nicht beobachten.*[125]

Und all diese Weisheiten gehen, wie obige Sinnsprüche belegen, auf den Konfusius zurück, – unmittelbar oder als Umkehrungen!

14. Verschaffe dir Selbsterkenntnis, und behalte sie ganz für dich allein.

Selbsterkenntnis dient nur dem allerpersönlichsten Gebrauch. Und: *Erkenn dich selbst! Ja! aber nur für dich selbst und verbirg den andern deine Selbsterkenntnis.* Beides sagt Ernst Hohenemser.[126]

15. Mein Wissen ist mein Glaube und mein Sein, – und so entsteht in mir Zufriedenheit.

Es kommt vor, dass zwei Menschen denselben Gedanken haben, sogar gleichzeitig. Friedrich Hebbel ergänzt einen Gesichtspunkt: *Wahrheit ist der Punkt, wo Glaube und Wissen einander neutralisieren.*[127] Ludwig Wittgenstein[128] dachte wohl dasselbe wie der Konfusius, aber dreitausend Jahre später. Es sei denn, er schrieb ab, ohne selbst gedacht zu haben! Jedenfalls glaubt Wittgenstein zu wissen: *Was ich weiß, das glaube ich.* Das damit verbundene Gefühl greift Walther Rathenau auf: *Wahrheit ist innere Harmonie.*[129] So richtig neu ist das

125 Ernst Hohenemser: Aphorismen, Hirth, München 1918, Nr. 69 (S. 22) . Neuausgabe von Ernst Hohenemser: Aphorismen, Lulu, o.O. 2022, S. 15

126 A.a.O., Nr. 20 (S. 12) und Nr. 893 (S. 177)

127 Friedrich Hebbel: Werke in fünf Bänden, hrsg. von Gerhard Fricke et al., München Hanser 1966, 4. Band (Tagebücher I), S. 342

128 Ludwig Wittgenstein: Über Gewißheit, hrsg. von Gertrud Margaret Elisabeth Anscombe und Georg Hendrik von Wright-Irwisch, Suhrkamp, Frankfurt am Main 1970, S. 53

129 Walther Rathenau: Auf dem Fechtboden des Geistes – Aphorismen aus seinen Notizbüchern, hrsg. von Karl G. Walther, Verlag der Greif, Walther Gericke, Wiesbaden 1953, S. 70

alles nicht. Nach dem Konfusius (siehe vorstehenden Sinnspruch) machte der Vorsokratiker Parmenides mit seinem Fragment 2883 von sich reden: *Dasselbe sind Denken und Sein.*[130]

16. *Lass dich vor keinen Karren spannen! Wenn jedoch ein anderer das Zugpferd gibt, dann häng dich an ihn dran so schwer wie ein eiserner Pflug.*

Diese Empfehlung des Konfusius befolgen vor allem diejenigen An-Hänger, welche sich nicht offen zu ihrer Rolle bekennen, sondern den Konfusius als treibende (oder, um in seinem eigenen Bild zu bleiben, *ziehende*) Kraft benutzen, ohne sich zu ihm zu bekennen.

Ein solcher ist Friedrich Schiller, der das mit dem weltberühmten Ausspruch seines Wilhelm Tell[131] unter Beweis stellt: *Der Starke ist am mächtigsten allein!*

17. *Den Wissenden kann auch der Zeiten Lauf nicht noch klüger machen.*

18. *Manchmal bist du so klug, allzu/also überklug, dass es schon wieder unklug ist.*

130 Diels-Kranz: Die Vorsokratiker, S. 231

131 Friedrich Schiller: Wilhelm Tell, 1. Akt, 3. Szene, Zeile 438. Der Titelheld muss so deutlich gegenüber den ausdauernd ihn zur Zusammenarbeit bewegen wollenden Stauffacher werden, nachdem seine vorhergehenden Einlassungen nicht wirkten, nämlich „Beim Schiffbruch hilft der Einzelne sich leichter.“ (Zeile 433) und „Ein jeder zählt nur sicher auf sich selbst.“ (Zeile 435).

Wenig Mühe mit der Verfremdung des ersten Abschnittes gab sich hier Georg Christoph Lichtenberg mit seiner Feststellung: *Die Superklugheit ist eine der verächtlichsten Arten von Unklugheit.*[132]

Ernst Hohenemser setzt nach: *Zu klug ist ebenso schlimm wie zu dumm!*[133]

Peter Ustinov betreibt dann nur noch Wiederkäuen[134]: Über weise Männer: In seiner Beschränktheit von keinem mehr erreichbar ist der weise Mann, der sich an seiner eigenen Weisheit berauscht.

> ***19. Wie klug etwas ist, das ist nicht entscheidend. Es geht wesentlich und eigentlich* nur *darum, wessen die Klugheit ist. In Deiner Weisheit liegt die Wahrheit, und zwar ebenso ausschließlich wie vollständig!***

Diese wesentliche Überlegung des Konfusius erscheint revolutionär und hochmodern, – weil bisher keiner sie abgeschrieben oder umgebaut hat.

> ***20. Wirklich ist, was wirkt. Außerdem kannst du Wirklichkeit anordnen und Menschen zu richtigeren als ihren ursprünglichen Ansichten verhelfen!***

> ***21. Alles ist ununterscheidbar.***

---

132 Georg Christoph Lichtenberg: Schriften und Briefe, Erster Band, Sudelbücher, Carl Hanser Verlag, München 1968, S. 689 (Heft J, Nr. 248)

133 Ernst Hohenemser: Aphorismen, Hirth, München 1918, Nr. 1561 (S. 316) . Neuausgabe von Ernst Hohenemser: Aphorismen, Lulu, o.O. 2022, S. 207

134 Peter Ustinovs geflügelte Worte, übers. von Hans M. Herzog, List, München, 2. Auflage 2004, S.79

Ein Teufel ist dem anderen ähnlich! Das behauptet ein Sprichwort. Und auf wen geht es, wie so viele, zurück? Richtig: Auf den Konfusius!

22. ***Willst du nichts Neues wagen, dann halte am Gewohnten fest.***

23. ***Hast du keine Fülle, dann schöpfe nur recht bedeutsam und gewichtig aus dem Leeren!***

24. ***Quill über von deinem ein-eigenen Geiste und erfreue dich an deiner ein-eigenen Heiligkeit!***

Diesen Rat des Konfusius nutzte der große Mystiker Meister Eckehart zu eigenen Ausführungen. Er wagte in einem Klima des äußerst rigiden Katholizismus die für ihn lebensgefährlichen folgenden Zeilen. Sie sind von einer bis dahin ungekannten, geradezu hypnotischen Kraft und darum höchst eindringlich:

Der Vater gebiert seinen Sohn in der Ewigkeit sich selbst gleich...Noch sage ich überdies: Er hat ihn geboren aus seiner Seele. Nicht allein ist sie bei ihm und er bei ihr als gleich, sondern er ist in ihr; und es gebiert der Vater seinen Sohn in der Seele in derselben Weise, wie er ihn in der Ewigkeit gebiert und nicht anders. Er muß es tun, es sei ihm lieb oder leid. Der Vater gebiert seinen Sohn ohne Unterlaß, und ich sage mehr noch: Er gebiert mich als seinen Sohn und als denselben Sohn. Und ich sage noch mehr: Er gebiert mich nicht allein als seinen Sohn; er gebiert mich als sich und sich als mich und mich als sein Sein und als seine Natur. Im innersten Quell, da quelle ich aus im Heiligen Geiste; da ist ein *Leben und* ein *Sein und* ein *Werk. Alles, was Gott wirkt, das ist Eins. Darum gebiert er mich als seinen Sohn ohne jeden Unterschied. Mein eigentlicher Vater ist nicht eigentlich mein Vater, sondern nur mit einem kleinen Stückchen seiner Natur, und ich bin getrennt von ihm; er kann tot sein und ich leben. Darum ist der himmlische Vater in Wahrheit mein Vater, denn ich bin sein Sohn und habe alles das von ihm was ich habe, und ich bin derselbe Sohn und nicht ein anderer. Weil der Vater (nur)* ein *Werk wirkt, darum wirkt er mich als seinen eingeborenen Sohn ohne jeden Unterschied..*[135]

25. *Fang an zu reden und rede den Sinn deiner Rede so einfach und einfach so herbei.*

Hier hat jemand – kein anderer als unser Meister, der Konfusius – jene sich während des Vollzuges selbst gestaltende Gebilde erkannt und beschrieben, die Heinrich von Kleist unter Bezugnahme auf die französische Weisheit *Der Appetit kommt beim Essen* in einem Schreiben an Otto August Rühle von Lilienstern unter der Überschrift: Über die allmähliche Verfertigung der Gedanken beim Reden[136] erklärt.

26. *Es ist keine Schande nicht zu lernen, wenn man alles weiß.*

27. *Sobald du dich auf das Lehren verlegst, beweist du, dass du genug gelernt hast.*

Sinnverdrehend übernimmt boshaft Bernard Shaw: *Wer kann, tut, wer nicht kann, lehrt.*[137] Auch Ernst Hohenemser hat Spott für Lehrende übrig: *Die Toren lehren und die Weisen lernen.*[138]

135 Meister Eckehart. Deutsche Predigten und Traktate, Hrsg. von Josef Quint, Diogenes, Zürich 1979, S. 185

136 Heinrich von Kleist: Über die allmähliche Verfertigung der Gedanken beim Reden, in: Sämtliche Werke und Briefe, Hrsg. von Helmut Sembdner, Zweibändige Ausgabe in einem Band, dtv, München, 3. Auflage 2013, S. 319-324

137 Bernard Shaw: Handbuch des Revolutionärs, übers. von Annemarie und Heinrich Böll, Suhrkamp, Frankfurt am Main 1972, S. 105 – Ein Hinweis auf der Titelblattrückseite lautet: *geschrieben 1901-1903.*

138 Ernst Hohenemser: Aphorismen, Hirth, München 1918, Nr. 368 (S. 74) . Neuausgabe von Ernst Hohenemser: Aphorismen, Lulu, o.O. 2022, S. 49

28. *Wenn du lehrst, musst du dich nicht belehren lassen und bist jedenfalls gegen schlechte fremde Lehre bestens gefeit.*

Diese Worte regen zu grundverschiedenen Ansichten an, wie die folgenden Beispiele zeigen:

Die Sprüche Salomos (2. Kapitel): *(10.) Weisheit wird in dein Herz eingehen, daß du gerne lernest; (11.) guter Rat wird dich bewahren, und Verstand wird dich behüten, (12.) daß du nicht geratest auf den Weg der Bösen noch unter die verkehrten Schwätzer.*

Winston Churchill macht einen Witz daraus und prägt die Formel: *Ich lerne immer gerne dazu, aber ich lasse mich nicht gerne belehren.* Wer? Genau, Sir Winston Churchill![139]

Laotse vertritt die Meinung: *Der Wissende redet nicht. Der Redende weiß nicht.*[140]

29. *Gib einfach deine Antwort, einerlei wie die Frage lautet. Gib grundsätzlich deine Antwort auf jede beliebige Frage. Erkläre zur Not die Frage als falsch gestellt.*

30. *Deine Weisheit muss dir wohltun und die anderen schmerzen.*

Als Empfehlung unerhört, als Selbstgespräch Unerhörtes veranschaulichend. Der Philosoph und Soziologe Arnold Gehlen entlarvt

139 Simon Paige: The Very Best of Winston Churchill – Quotes from a British Legend, Amazon Fulfillment 2014. Paige ist so begeister von dem Zitat, dass er es gleich zweimal aufführt: S 4f. Original: *"I am always ready to learn although I do not always like being taught."*

140 Laotse: Tao Te King – Das Buch vom Sinn und Leben, übersetzt und mit einem Kommentar versehen von Richard Wilhelm, Eugen Diederichs Verlag, Köln 1978 (Kassettenausgabe 1982), Rede 56, S. 99

sich selbst als Schüler des Konfusius, wenn er sich scheinbar antikonfusianisch ereifert: *...teuflisch ist, wer das Reich der Lüge aufrichtet und andere Menschen zwingt, in ihm zu leben...Der Teufel ist nicht der Töter, er ist Diabolos, der Verleumder, ist der Gott, in dem die Lüge nicht Feigheit ist, wie im Menschen, sondern Herrschaft. Er verschüttet den letzten Ausweg der Verzweiflung, die Erkenntnis, er stiftet das Reich der Verrücktheit, denn es ist Wahnsinn, sich in der Lüge einzurichten.*[141]

31. *Äußeres tritt zurück zugunsten von Innerem: Erlebnisse vergehen, Eindrücke verblassen, die Einbildungskraft schafft Geschichten. Falls deine Erinnerungen deinen Glauben stören, so überschreibe sie, pflege das Vergessen und gestalte die Vergangenheit neu.*

Der englische Staatsphilosoph Thomas Hobbes stellt diese Erkenntnis in seinen Worten wie folgt dar: *Wie auf dem Meere nicht dann gleich Ruhe wiederkehrt, sobald der Sturm sich legt, ebenso ist es auch mit der Bewegung im Menschen, wenn er sieht, träumt usw. Denn wenn auch wirklich der Gegenstand sich entfernt oder das Auge geschlossen wird, bleibt dessen Bild doch in unserer Seele, wiewohl etwas dunkler, gegenwärtig. Dieses Bild aber hat die Benennung* Einbildungskraft *veranlaßt. Noch richtiger nennen es die Griechen phantasia...* Auf der nächsten Seite fährt Hobbes fort: *Die schwächer gewordene Empfindung in Hinsicht der Vorstellung nennen wir... Einbildung; sehen wir aber auf das* Schwächerwerden, *heißt dasselbe* Gedächtnis, *so daß folglich* Einbildung *und* Gedächtnis *eins sind...*[142]

141 Arnold Gehlen: Moral und Hypermoral – Eine pluralistische Ethik, Athenäum, Frankfurt am Main, 1969, S. 185

142 Thomas Hobbes: Leviathan, übers. von Jacob Peter Mayer, Reclam, Stuttgart 1970, Erster Teil, Zweites Kapitel, S. 14f

32. *Falls jemandes Ansichten oder Äußerungen dir oder den von dir vorgegebenen Regeln zuwiderlaufen, so stelle ihn als lebenden Beweis dafür dar, dass allein der Mensch und sonst kein Wesen auch des Unsinns fähig ist.*

Wer will daran zweifeln, dass auch der folgende Ansatz des Hobbes auf einem Gedanken des Konfusius fußt? *Der Mensch ist im Gegensatz zu den Tieren in der Lage, sich Regeln aufzustellen. Dieser ausschließliche Vorzug wird aber durch etwas anderweitiges, gleichfalls Eigentümliches geschmälert, da der Mensch und sonst keine andere Kreatur nur allein des Unsinns fähig ist.*[143]

33. *Ohne Bewahren kein Bestand. Ohne Wandel kein Fortschritt.*

Fortschritt ist unmöglich ohne Wandel, und wer seine Einstellungen nicht ändern kann, der kann überhaupt nichts ändern. Inhalte, Sätze und Einrichtungen religiösen Glaubens verknöchern uns das Hirn und unterbinden die Veränderung. Daher sind es Ärgernisse, die in der Praxis hauptsächlich übergangen werden müssen. Anhand dieser Zeilen wird erneut deutlich, wie viel Bernard Shaw[144] dem Konfusius verdankt, auch wenn er nur die Hälfte verwertet.

143 Thomas Hobbes: Leviathan, übers. von Jacob Peter Mayer, Reclam, Stuttgart 1970, Erster Teil, Fünftes Kapitel, S. 42

144 Bernard Shaw: Everybody's Political – What's What?, Constable, London 1944, p. 330 (Chapter *Creed and Comduct*). Im Original: *Progress is impossible without change; and those who cannot change their minds cannot change anything. Creeds, articles, and institutions of religious faith ossify our brains and make change impossible. As such they are nuisances and in practice have to be mostly ignored.*

34. *Wer den Stillstand erhalten will, der darf sich nicht rühren.*

Friedrich Georg Jünger ändert den Schwerpunkt: *Wer sich nicht bewegt, der bewegt nichts.*[145]

35. *Besser reich und weise als arm und dumm. Jedoch: Arm ist nicht dumm und reich ist nicht weise. Ein eingebildeter Protz kann einen mittellosen Weisen niemals täuschen.*

Emanuel Wertheimer stellt fest: *Solange es Reiche und Arme gibt, wird man Kluge und Dumme verwechseln.*[146] Genau vor diesem Irrtum warnt Salomo (28. Kapitel, 11. Spruch): *Ein Reicher dünkt sich, weise zu sein, aber ein verständiger Armer durchschaut ihn.* Leonardo scherzt: *Wer an einem Tag reich werden will, wird in einem Jahr aufgehängt.*[147]

145 Friedrich Georg Jünger: Gedanken und Merkzeichen, Klostermann, Frankfurt am Main 1949, 1. Band S. 82

146 Emanuel Wertheimer: Das Buch der Weisheit – Aphorismen, Zweite Auflage und neue Folge, Hoffmann und Campe, Hamburg und Berlin 1920, S. 105. Neuausgabe von Emanuel Wertheimer: Buch der Weisheit. Aphorismen, 3. Auflage, Lulu, o.O. 2020, S. 46

147 Leonardo da Vinci: Jede Erkenntnis beginnt mit den Sinnen – Die Aphorismen, Rätsel und Prophezeiungen, ausgewählt und übersetzt von Marianne Schneider, Schirmer/Mosel, München 2012, S. 66, zitiert nach Leonardos Blättern aus der Windsor Library W1235IR

V. Geschäft und Handel

1. ***Sofort – also bevor noch Zweifel an dem eigenen Willen zur Vertragserfüllung entstehen! – einstreichen oder mitnehmen, in unbestimmter Zukunft liefern oder zahlen.***

Wie sonst, ohne sich bei dem Konfusius zu bedienen, konnte Thomas Hobbes die folgenden Zeilen (und viele darum herum) verfassen? *Wenn bei einem Vertrage die Erfüllung auf eine noch zukünftige, jedoch unbestimmte Zeit verschoben wird, so daß keiner von beiden Teilen zur augenblicklichen Leistung verpflichtet ist, so wird ein solches Abkommen in dem eigentlichen Naturzustande, der ein Krieg aller gegen alle ist, von der Zeit an außer Kraft treten, da der Verdacht entsteht, der andere Teil werde es nicht erfüllen.*[148]

2. ***Wer keine Zusage macht, den kann man nicht beim Wort nehmen. Wer in Anwesenheit Dritter (Zeugen) Zurückhaltung übt und nichts Schriftliches herausgibt, der ist im Zweifel jedoch ebenso fein raus.***

3. ***Ist auch der Handel noch so klein, er bringt dir mehr als Arbeit ein.***

Ist auch dies Sprüchlein noch so schlicht, der Volkesmund vergisst es nicht.

148 Thomas Hobbes: Leviathan, übers. von Jacob Peter Mayer, Reclam, Stuttgart 1970, Erster Teil, Vierzehntes Kapitel, S. 124

4. ***Wenn es um deinen Beitrag beim Zahlen oder der Arbeit geht, dann spiele eine – sorgsam zu pflegende! – liebenswerte Schusseligkeit aus und warte, bis andere die Sache für dich regeln.***

5. ***Nimm überall reichlich von allem und allen, und du bekommst auch das, was man dir sonst nicht geben würde.***

6. ***Tausch ist wie Kauf und kein Raub.***

Wechsel ist kein raub[149], verknappt Martin Luther in altertümlicher Schreibweise.

7. ***Lass dich zum Geschäft herab und schenke dem Gegenüber das Hochgefühl, einer besonderen Gunst, ja Gnade, teilhaftig werden zu dürfen.***

8. ***Jeden Morgen erhebt sich irgendwo irgendein Narr von seiner Lagerstatt, der bereit ist, dir jeden gewünschten Preis für dein Angebot zu zahlen.***

9. ***Wenn du mehr willst, kannst du mehr verlangen und dabei versuchen, weniger geben zu müssen. Nimm seins und behalte deins.***

Wie kommt der Volksmund dazu, aus diesen Vorgaben das geflügelte Wort zu drechseln: *Man muss auch mal mit der Wurst nach der Speckseite werfen.*

149 Martin Luther: Fabeln und Sprichwörter, Hrsg. von Reinhard Dithmar, Insel Verlag Frankfurt am Main und Leipzig, 2. Auflage 2016, 369. Spruch, S. 190

10. *Arbeit hält arm, Handel schafft Wohlstand, Verheißung bringt Reichtum.*

Das weltweite Geldanlage- und Versicherungswesen sollte sich schämen, den Konfusius nicht schon längst zu seinem verehrten Heiligen erkoren zu haben!

11. *Das Gefühl von Sicherheit für die Zukunft kannst du in der Gegenwart teuer verkaufen.*

Dieser Sinnspruch ist die Blaupause für jedes Versicherungs-Verkaufsgespräch.

12. *Lebe jetzt und sorge dich später oder gar nicht. Oder willst du dich bei denjenigen einreihen, die sich jetzt fortwährend sorgen, um sich dereinst irgendwann nicht mehr sorgen zu müssen?*

Diese als Frage getarnte Empfehlung gewinnt stilistisch nur sehr bedingt, wenn der Aphoristiker Emanuel Wertheimer sie eindampft: *Wir machen uns fortwährend Sorgen, um keine zu haben.*[150] Auch Marie von Ebner-Eschenbach[151] – *Wie viel Bewegung wird hervorgebracht durch das Streben nach Ruhe!* – fügt den Worten des Konfusius wenig hinzu. Wenn jedoch der Welt größter Verkaufsschlager auf dem internationalen Buchmarkt daherkommt, dann ist der Stil des Konfusius

150 Emanuel Wertheimer: Das Buch der Weisheit – Aphorismen, Zweite Auflage und neue Folge, Hoffmann und Campe, Hamburg und Berlin 1920, S. 26. Neuausgabe von Emanuel Wertheimer: Buch der Weisheit. Aphorismen, 3. Auflage, Lulu, o.O., 2020, S. 15.

151 Marie von Ebner-Eschenbach: Aphorismen, Reclam, Stuttgart 1988 und 2022, S. 44

zwar gänzlich dahin, aber ein Auflagenmilliardär macht Kasse: Es handelt sich um Dale Carnegie mit *Sorge dich nicht – lebe!*[152]

13. Versprich jetzt alles und schaffe alsbald Ausnahmen sowie Ausschließungsgründe für den Fall des Falles.

Auch das hätten sich kein Produkt-Designer oder gar Kaufmann selbst ausdenken können!

14. Fälsche, bis du es schaffst, oder nur bis alle glauben, dass du es kannst, – oder notfalls so lange, bis keiner Können und Fälschung mehr zu unterscheiden weiß.

An dieser Stelle offenbart sich endlich der Urheber der offensichtlich seit Jahrtausenden bewährten, erst in letzter Zeit in aller Munde befindlichen, ursprünglich eben nicht (!) angloamerikanischen Redewendung : *Fake it till you make it!* Der Konfusius zeichnet sich hierfür verantwortlich. Ihm gebührt der Ruhm, und nicht etwa den Falsett-und Fistelbarden Paul Simon und Art Garfunkel. Während dieser klampft, singt bekanntlich jener das Lied "Fakin' It" (Album Bookends von 1968) und darin die Worte: *And I know I'm fakin' it, I'm not really makin' it.*

15. Der Wert der Lebenszeit steigt mit der Nähe zum Tod.

Gibt es eine gelungenere Vorlage für die platten Kaufmannssprüche rund um Formeln über *Angebot und Nachfrage*?

152 Dale Carnegie: Sorge dicht nicht – lebe! – Die Kunst, zu einem von Ängsten und Aufregungen befreiten Leben zu finden, übers. von Ursula Gail, Knaur, München 2001, Originaltitel: *How to Strop Worrying and Start Living*

VI. Genuss, Sinne und Liebe

1. ***Nimm, und du bekommst auch das, was die Frau dir sonst nicht gestatten würde. Nimm, und du bekommst nicht alles, was sie dir gäbe, wenn du sie zum Geben kommen ließest.***

2. ***Muss Liebe wirklich alle (gleich) glücklich machen?***

3. ***Soll ein Weib deine Macht bewundern, so schüchtere es ein.***

Gewalt und Stärke giebt kein Recht, die Schwachen zu unterwerfen, sondern legt ihren Besitzern bloß die natürliche Pflicht auf, sie zu beschützen.[153] So schreibt der Weimarer Prinzenerzieher Christoph Martin Wieland, als er den weisen Dschengis dem Prinzen Tifan die Grundsätze der Rechtschaffenheit auseinandersetzen lässt. Die erstaunliche Häufung von Konfusius-Anleihen in der Thüringer Schriftstellerschaft gibt einen Hinweis darauf, dass dort, im sogenannten *grünen Herzen Deutschlands*, eine hohe Dichte von Schriften des Konfusius vorgelegen haben muss, über deren Verschellen wir Heutigen nur Mutmaßungen anstellen können. Es wäre sicherlich ein ordentlicher Skandal, wenn die als Genies bewunderten *deutschen Klassiker* nicht nur als Plagiatoren, sondern obendrein als Entsorger der Schriften des Konfusius bekannt werden würden!

Abgesehen davon ist der Konfusius ein Vorreiter der Anthropologie: In den vielleicht 300 000 Jahren Menschheitsgeschichte

153 Christoph Martin Wieland: Der goldne Spiegel, Zweyter Theil, 6. Kapitel, S. 117

gibt es seit höchstens 4 000 Jahren das Patriarchat. Die Vorherrschaft der Männer entstand nicht während der Jahrtausende als Jäger und Sammler, nicht einmal durch die Sesshaftwerdung des Menschen, sondern durch die Entstehung von Besitz: Vorräte, Vieh und Land. Darum wurde gekämpft, und um Frauen. So entstand der Krieger, und der ist (fast) immer männlich.[154] Der Konfusius zeigt eindrucksvoll, wie Kriegerverhalten im Umgang mit Frauen schieflaufen kann. Auch so, und nicht bloß in ewig beleidigt-feministischer Manier als Ratschlag zur Unterdrückung, mag man den vorstehenden Sinnspruch lesen und den Konfusius entsprechend (richtiger?) verstehen.

4. *Wenn du nicht von Empfindung reden kannst, dann schwätze halt davon.*

Georg Christoph Lichtenberg profiliert sich als Eigendenker und spielt den Antikonfusianer: *Unsere empfindsamen Enthusiasten, die jeden, der sie auslacht, für einen leichtsinnigen Spötter segnen und nicht bedenken, dass man stark empfinden könne, ohne davon zu schwatzen... nicht das Sprechen aus Empfindung ist, worüber ich lache,..., sondern das Schwätzen von Empfindung* .[155]

5. *Wer will, der muss nicht; jedoch muss, wer nicht will.*

154 Carel van Schaik, Kai Michel: Die Wahrheit über Eva – Die Erfindung der Ungleichheit von Frauen und Männern, Rowohlt, Reinbek 2020, S. 336 – 342..

155 Georg Christoph Lichtenberg: Schriften und Briefe, Erster Band, Sudelbücher, Carl Hanser Verlag, München 1968, S. 398 (Heft E, Nr. 240)

6. ***Nicht die dir zur Last gelegten Inhalte der Vorwürfe stellen die Schande dar, sondern der Umstand, dass jemand so hemmungslos Klage führt. Wes Klage ertönt, des Schande erscheint!***

7. ***Man sieht nur mit der Seele gut.***

Weltberühmt ist die Variante von Antoine de Saint-Exupéry, der den Fuchs zum Kleinen Prinzen sagen lässt: *Man sieht nur mit dem Herzen gut. Das Wesentliche ist für die Augen unsichtbar.*[156]

8. ***Beanspruche Jungfernschaft von ihr, und zwar ohne den wahren Grund dafür zuzugeben, nämlich dass du jeden Vergleich scheust!***

9. ***Sobald dich die Manneschwäche zu verfolgen beginnt, predige Keuschheit!***

Nicht nur der englische Riese Shakespeare, sondern auch sein Landsmann und Kollege Peter Shaffer gibt sich als (heimlicher) Anhänger des Konfusius zu erkennen: *It's easy to be chaste, when you've got no cock. It's easy to give up blodshed, if you've got no blood to shed! (Du hast leicht keusch sein ohne Ständer. Du kannst das Blutvergießen leicht einstellen, wenn du kein Blut in den Adern hast)* [157]

156 Antoine de Saint-Exupéry: Der Kleine Prinz, mit den Zeichnungen des Verfassers, übers. von Marion Herbert, Anaconda, Köln, 2015, S. 71

157 Peter Shaffer: Three Plays – Five Finger Exercise, Shrivings, Equus, Shrivings Act Three, Penguin, Harmondsworth 1976, S. 193

10. ***Auch wenn deine Spannkraft nur langsam zur Neige geht, verlege dich darauf, der Enthaltsamkeit das Wort zu reden, andere an freiem Vollzug zu behindern und nichtsdestotrotz Gelegenheiten für deine eigene Betätigung zu suchen.***

Max Frisch ist überführt! So erfrischend sein Spott über Alter und Erschlaffung auch sein mag, er geht auf obigen Sinnspruch des Konfusius zurück. Für dessen Wiederbelebung und zum Beleg der schriftstellerischen Missetat widerfährt dem Schweizer Abschreiber hier die Ehre, zitiert zu werden. *Wann gibt man die geschlechtliche Impotenz zu? Ich gehe noch immer zur Apotheke; das Rezept ist sieben Jahre alt. Warum findet man sich nicht endlich ab und ein für allemal? Weil in Träumen die Sexualität nicht schwindet, im Gegenteil, und weil auch auf Impotenz kein Verlass ist.*[158]

158 Max Frisch: Entwürfe zu einem dritten Tagebuch, Suhrkamp, Verlag Berlin 2010, S. 36

VII. Glaube und Moral

1. ***Alles, was hier geschrieben steht, ist wahr und heilig! Und alles, was wahr und heilig ist, steht hier geschrieben! Und wer das Gegenteil behauptet, der ist ein Ketzer und Frevler! Und Ketzer und Frevler gehören geächtet und bestraft!***

So viele Unds und Ausrufungszeichen benutzt der Konfusius sonst nicht. Jedoch ist auch keiner seiner Sprüche derart oft aufgegriffen und umgesetzt worden. Jede (Welt-)Religion und alles Belehren und Bekehren gehen auf die vorstehenden Gedanken des Konfusius zurück.

2. ***Vor der Sättigung der Götter steht die Mast ihrer Priester, denn ein hungriger Pfaffe kann keinen Gott füttern. Gleiches gilt für die Wollust: Ein enthaltsamer Geistlicher (ein Keuschheitsapostel) kann nicht den Geist göttlicher Befriedigung schaffen noch verbreiten.***

Ließe sich aus ihr kein Gewerbe machen, gäbe es vielleicht nur eine *Religion: die Nächstenliebe.*[159]

Im 19. Jahrhundert machte der Kirchenkritiker Otto von Corvin mit seinem spektakulären Enthüllungsbuch *Der Pfaffenspiegel* Furore und gab über Jahrzehnte Auflage um Auflage heraus. Die in der

159 Emanuel Wertheimer: Das Buch der Weisheit – Aphorismen, Zweite Auflage und neue Folge, Hoffmann und Campe, Hamburg und Berlin 1920, S. 134. Neuausgabe von Emanuel Wertheimer: Buch der Weisheit. Aphorismen, 3. Auflage, Lulu, o.O. 2020, S. 57

Tat hochinteressante Schrift offenbart einzigartigen Scharfsinn, – leider nicht den des Corvin, sondern (unter gekonnter Verbergung des eigentlichen Gedankenstifters) den des Konfusius. Das beweist der obenstehende Sinnspruch.

Corvin[160] umreißt mit beachtlichem Mut zur Klarheit Folgendes: Götter galten in ferner Vergangenheit als Urheber von Wohl und Wehe. Sie mussten daher besänftigt werden. *Opfervereine* bildeten sich, *die wohl als Anfang der Religion bezeichnet werden dürfen* und den Zweck verfolgten, die Götter den Opfergebern gewogen zu stimmen. Priester waren mit der Darbringung der Gaben betraut. Sie galten als der Götter besonders kundig, als ihnen entsprechend nahestehend, und bildeten somit gleichsam eine Schicht zwischen den Göttern und den Menschen. Corvin schreibt: *So entstand denn allmählich infolge unabsichtlicher und absichtlicher Täuschung über die Beziehung zwischen Göttern, Priestern und den anderen Menschen ein System, welches auf dem Glauben beruhte, den das Volk den Aussagen der Priester schenkte. Diese, die vertraut mit den Göttern waren, wußten, was diesen angenehm und unangenehm war, und sie verstanden es, die Sprache zu deuten, durch welche sie sich den Erdenkindern mitteilten. Die Priester ordneten die Art und Weise an, wie die Opfer gebracht werden sollten, und daß sie bei all diesen Anordnungen sich selbst nicht vergaßen, versteht sich wohl von selbst.*

Der Hinweis des Konfusius betreffend die Befriedigung der Götter weist denselben (vor all den als solchen bekannten) als Kirchenvater und zudem Leitfigur des sinnenfrohen Katholizismus aus. Emsige Befolgung erfährt die konfusianische Feststellung einer sinnlichen, und d.h. ausdrücklich geschlechtlichen Dimension der Verehrung und Huldigung einer Gottheit durch Kirchenvertreter zeitübergreifend. Es besteht und wächst das Wissen um Angehörige der katholischen Priesterschaft, welche sich so sinnenfroh – unter dem Schutz ihrer kirchlichen Obrigkeit und somit abgeschirmt von der weltlichen

160 Otto von Corvin: Pfaffenspiegel, tredition GmbH Hamburg, o.J., S. 26f

Gerechtigkeit – durch ungezügelt herzhaftes Ausleben ihrer Lust unter Benutzung ihrer Schutzbefohlenen hervortun.

3. Du kannst predigen, was du willst, auch den größten Unfug. Gläubige werden dir nachlaufen, denn der Mensch will lieber glauben als denken!

Ernst Hohenemser stimmt zu: *Die älteste und dauerhafteste Allianz ist die der Lüge und der Dummheit.*[161]

Ludwig Daniel Jassoy setzt noch eins drauf: *Das dümmste Zeug auf Erden, hat doch wohl die Theologie zu Markte gebracht.*[162]

Aber es geht noch deutlicher, wie Ernst Hohenemser zeigt: *Religion ist der Wahn, über Dinge Gewißheit zu haben, über die nur eine Gewißheit existiert, nämlich, daß es keine Gewißheit darüber geben kann.*[163]

Unter den Schülern des Konfusius ragt einer hervor wie kaum ein anderer: Sigmund Freud. Er erkennt: *Die Neurosen zeigen einerseits auffällige und tiefreichende Übereinstimmungen mit den großen sozialen Produktionen der Kunst, der Religion und der Philosophie, andererseits erscheinen sie wie Verzerrungen derselben. Man könnte den Ausspruch*

◇◇◇◇◇◇◇◇◇◇◇◇◇◇◇◇◇◇◇◇◇◇◇

161 Ernst Hohenemser: Aphorismen, Hirth, München 1918, Aphorismus Nr. 1142, S. 224. Neuausgabe von Ernst Hohenemser: Aphorismen, Lulu, o.O. 2022, S. 148

162 Ludwig Daniel Jassoy: Man muß ernstlich wissen, was man will, ehe man thun kann, was man soll. – Aphorismen aus Welt und Zeit (1815-1928), ausgewählt von Dirk Sangmeister, Lumpeter & Lasel, Eutin, 2. Auflage 2009, S. 28

163 Ernst Hohenemser: Aphorismen, Hirth, München 1918, Nr. 1281 (S. 252). Neuausgabe von Ernst Hohenemser: Aphorismen, Lulu, o.O. 2022, S. 166. Zu schön um unerwähnt zu bleiben ist der anschließende (1282, jeweils auf derselben Seite stehende.) Kurztext: *Einst wird die Zeit kommen, in der die Menschheit ohne Religion leben wird. Ich meine ohne Glaube an Gott oder Götter und ohne kirchliche Gemeinschaften. Der Staat wird stark genug sein, um sich nicht um die Religion kümmern zu müssen. Kleinere Secten und religiöse Gemeinschaften wird er dulden wie Gesangvereine. Aber heutigentags kann man für diese Ansicht leicht gesteinigt werden.*

wagen, eine Hysterie sei ein Zerrbild einer Kunstschöpfung, eine Zwangsneurose ein Zerrbild einer Religion, ein paranoischer Wahn ein Zerrbild eines philosophischen Systems.[164]

Im Sommer 1938 blickt Freud auf den soeben zitierten Text von 1912 zurück und schreibt: *Ich habe seit damals nicht mehr bezweifelt, daß die religiösen Phänomene nur nach dem Muster der uns vertrauten neurotischen Symptome des Individuums zu verstehen sind, als Wiederkehren von längst vergessenen, bedeutsamen Vorgängen in der Urgeschichte der menschlichen Familie, daß sie ihren zwanghaften Charakter eben diesem Ursprung verdanken...*[165]

4. ***Wenn sich jemand deiner Lehre und dem von dir vermittelten Glauben nicht anschließt, so verkünde ihm und allen Umstehenden, es gebreche ihm eben noch an der Reife zum wahren Verständnis.***

5. ***Wer fleißig Wasser predigt, der hat gut Bier saufen.***

6. ***Wer Bier empfiehlt, der soll auch kein Wasser saufen.***

Diese beiden Sprüchlein mögen einfach launig wirken, haben es jedoch gewaltig in sich. Denn erstens offenbaren sie, dass der Konfusius, seinem lateinisierten Namen zum Trotz, nicht aus einem Weinanbaugebiet stammte. Zweitens wird deutlich, wie grundlegend der – auch zu deftigen Sprachmitteln bestens fähige – Konfusius

164 Sigmund Freud: Totem und Tabu – Einige Übereinstimmungen im Seelenleben der Wilden und der Neurotiker, Fischer Taschenbuch Verlag, Frankfurt am Main 1984, S. 79 (Kapitel II Das Tabu und die Ambivalenz der Gefühlsregungen, Abschnitt 4)

165 Freud, Sigmund: Der Mann Moses und die monotheistische Religion – Schriften über die Religion, Fischer Taschenbuch Verlag, Frankfurt am Main 1981, S. 68 (Moses, sein Volk und die monotheistische Religion, Erster Teil, Vorbemerkung II im Juni 1938)

bis heute die Diskussion um Gerechtigkeit und Verteilung prägt. Ist es doch ein noch heute beliebter Vorwurf zu sagen, jemand vertrete den Grundsatz *Wasser predigen und Wein saufen.* Diese schöne Formulierung verdankt sich (dem besonders raffinierten Konfusius-Plagiator) Heinrich Heine, der von der metaphorischen Gestalt eines Harfenmädchens berichtet:

Sie sang das alte Entsagungslied,
Das Eiapopeia vom Himmel,
Womit man es einlullt, wenn es greint,
Das Volk, den großen Lümmel.

Ich kenne die Weise, ich kenne den Text,
Ich kenn auch die Herren Verfasser;
Ich weiß, sie tranken heimlich Wein
Und predigten öffentlich Wasser.[166]

7. *Schuld ist immer der andere!*

Der Dichter Christobald Morgenthau, weltweit bekannt als **Meister des FettDRUCKS**, gibt sich zwar nicht ausdrücklich als Schüler des Konfusius zu erkennen, verrät sich jedoch unübersehbar als solcher mit seinem folgenden Gedicht:

„rICHtICH“[167]
Schuld sind stets die andern.
Nur ich hab‘ immer recht.
Drum muss nicht ich *mich ändern.*
Die andern *sind ja schlecht!*

166 Heinrich Heine: Deutschland. Ein Wintermärchen, Anaconda, Köln 2005, Caput I, S. 8

167 Christobald Morgenthau: Der Weisheit letzte Schüsse, Höllenflammen-Verlag, Berlin, 25. Auflage 2023, S. 321

8. ***So wie der Hund seinen Segen mit Bedacht verteilt, so sollst auch du deine Botschaft recht salbungsvoll zur heiligen Offenbarung weihen.***

9. ***Wichtig ist, was du tust, weil* du *es bist, der es tut. Richtig ist, was du sagst, weil* du *es bist, der es sagt.***

10. ***Wenn du vom hohen Ross herab predigst, dann muss jeder zu dir aufschauen.***

11. ***Dummheit und Bosheit sind miteinander verwachsen.***

Jeder kennt den Spruch: *Dummheit und Stolz wachsen auf einem Holz.* Hier gibt sich dessen Urheber zu erkennen.

12. ***Genickstarre schafft Glauben, aber Nicken ebenso. Drum predige nicht in einem durch, sondern gib deiner Zuhörerschaft Gelegenheit, dir zuzustimmen!***

13. ***Wer in die Sonne starrend Erleuchtung sucht, erblindet.***

14. ***Der Schein heiligt! Drum sei dein Schein heilig!***

Ernst Hohenemser hat seinen Konfusius verstanden: *Alle Tugend ist Pose, und die Pose ist eine große Untugend.*[168]

15. ***Es ist für alle am besten, wenn man dich anbetet und keinen Götzen aus Holz oder Stein.***

168 Ernst Hohenemser: Aphorismen, Hirth, München 1918, Nr. 684 (S. 139) . Neuausgabe von Ernst Hohenemser: Aphorismen, Lulu, o.O. 2022, S. 92

Wortwörtlich übernimmt Teile dieses Sinnspruches des Konfusius der britische Scharfsinnsapostel und Entzauberungskünstler George Bernard Shaw: *Der Wilde neigt sich vor Götzen aus Holz und Stein, der zivilisierte Mensch vor Götzen aus Fleisch und Blut.*[169]

16. *Du selbst sollst weder Götzen haben noch Götter, nicht einmal einen einzigen Götzen oder gar nur einen einzigen Gott, und erst recht keinen Vorbeter! Jeder diesbezüglichen Selbstaufopferung folgt Enttäuschung!*

Hätte man auf den Konfusius gehört, man hätte sich Glaubenskriege sparen können und die Aufklärung um zwei Dutzend Jahrhuderte vorgezogen. Joseph Roth lässt seinen im Ersten Weltkrieg versehrten, vom Leierkastenmann zum Kloputzer abgestiegenen Andreas Pum sterbend dessen Gott anklagen: *Hast Du Millionen Welten und weißt Dir keinen Rat? Wie ohnmächtig ist Deine Allmacht! Hast Du Milliarden Geschäfte und irrst Dich in den einzelnen? Was bist Du für ein Gott! Ist Deine Grausamkeit Weisheit, die wir nicht verstehen – wie mangelhaft hast Du uns geschaffen!*[170]

17. *Stelle immer die Behauptung auf, deine Aussagen seien unwiderlegbar! Und wer es wage, das Gegenteil zu behaupten, der habe Übelstes im Diesseits wie im Jenseits zu gewärtigen!*

169 Bernard Shaw: Handbuch des Revolutionärs, übers. von Annemarie und Heinrich Böll, Suhrkamp, Frankfurt am Main 1972, S. 100 – Ein Hinweis auf der Titelblattrückseite lautet: *geschrieben 1901-1903*.

170 Joseph Roth: Die Rebellion – Roman, Kiepenheuer & Witsch, Köln, 2. Aufl. age 2019, S. 119

Gibt es noch jemanden, der nicht weiß, in welchen Büchern Behauptungen von der Art stehen *Was hier steht, das ist die Wahrheit, und zwar ist die einzige Wahrheit!* ? Es zwingt sich uns feierlich die Erkenntnis auf: **Auch all die großen Glaubensschriften der gesamten Menschheit fußen auf den Sprüchen des Konfusius!**

18. ***Auch das läppischste Erbauungsgeplapper aus deinem Munde gehört dargeboten wie Himmelsbrot.***[171]

19. ***Nicht die größten Sünder sind die schlimmsten, sondern die Mickerlinge unter den Sündern, die nicht einmal zur Sünde taugen.***

20. ***Je weniger du deinen Fall als Absturz erlebst, desto mehr Schwung verschafft dir der Aufprall in der Talsohle.***

Diese Weisheit des Konfusius bildet das geistige Fundament der gesamten Philosophenschule der Stoa, welche einer pragmatischen Zurückhaltung das Wort redete. Beispielhaft sei als Beleg eine Stelle aus der Schrift *Selbstbetrachtungen* (Sechstes Buch, 52. Spruch)[172] ihres letzten und bekanntesten Vertreters angeführt. Der Kaiser Marcus Aurelius Antoninus schreibt:

Es steht bei dir, über dies und das dir keine Meinung zu bilden und so deiner Seele alle Unruhe zu ersparen. Denn die Dinge selbst können ihrer Natur nach uns keine Urteile abnötigen.

171 Anmerkung des Herausgebers: Anhand dieser Empfehlung des Konfusius lässt sich leicht der Beweis führen, dass er **der** Glaubensstifter schlechthin ist, auf den sich alle Prediger, Propheten, Aposteln, Künder und Jünger aller Glaubensrichtungen stützen, – auch wenn andere sich als Religionsgründer ausgeben.

172 Marc Aurel: Selbstbetrachtungen, übers. von Albert Wittstock, Reclam, Stuttgart 1949, S. 90

21. *Jede Schneeflocke ist einmalig!*

Diese zutreffende und erstmals von dem gleichsam in die Namenlosigkeit zurückgestoßenen Konfusius beschriebene Beobachtung muss es gewesen sein, welche den berühmten Niederländer Antony van Leeuwenhoek zur Erfindung des Mikroskops anregte.

22. *Nachher ist wie vorher. Also: Nach seinem Ableben, welches entgegen der sprachlichen Darstellung („Jemand stirbt.") keine Tat ist, sondern ein Vorgang am Leibe, ist es um den Menschen genau so bestellt wie vor seiner Entstehung (einerlei ob man damit Zeugung meint oder Geburt, welches ebenfalls Abläufe sind).*

Arthur Schopenhauer erläutert seinen ebenso erfrischenden wie tröstlichen Gedanken von der Belanglosigkeit des Todes in „Die Welt als Wille und Vorstellung": *Wenn, was uns den Tod so schrecklich erscheinen läßt, der Gedanke des Nichtseins wäre; so müßten wir mit gleichem Schauder der Zeit gedenken, da wir noch nicht waren. Denn es ist unumstößlich gewiß, daß das Nichtsein nach dem Tode nicht verschieden sein kann von dem vor der Geburt, folglich auch nicht beklagenswerter. Eine ganze Unendlichkeit ist abgelaufen, als wir noch nicht waren: aber das betrübt uns keineswegs.*[173] Schopenhauer gibt sich hier als einen nichtreligiösen Menschen zu erkennen. Für jeden (Jenseits)Gläubigen nämlich gilt: *Das menschliche Leben wird nicht als kurze Erscheinung in*

173 Arthur Schopenhauer: Die Welt als Wille und Vorstellung, Band II, Viertes Buch, Kapitel 41, „Über den Tod", in: Sämtliche Werke, Band II, Arbeitsgemeinschaft Cotta-Insel, Suhrkamp, Frankfurt am Main 1960 (Lizenznehmer: Nikol Verlag, Hamburg 2018) , S. 595

der Zeit – zwischen zwei Nichts – empfunden; es geht ihm eine Präexistenz voraus, und es folgt ihm eine Postexistenz.[174]

23. Hader anzurichten ist verderblicher denn als falscher Zeuge frech Lügen zu reden oder mit hohen Augen, falscher Zunge, blutvergießenden Händen, tückischem Herzen oder behenden Füßen Schaden zu tun.

Salomo lehrt wortwörtlich dasselbe: (Sprüche, 7. Kapitel): *(16.) Diese sechs Stücke haßt der Herr und am siebenten hat er einen Gräuel: (17.) hohe Augen, falsche Zunge, Hände, die unschuldig Blut vergießen. (18.) Herz, das mit böser Tücke umgeht, Füße, die behende sind, Schaden zu tun, (19.) falscher Zeuge, der frech Lügen redet, und wer Hader zwischen Brüdern anrichtet.*

24. Falsche Mäuler verbreiten Wirrnis und speien Gift.

Salomo lernt und lehrt (10. Kapitel, 18. Spruch): *Falsche Mäuler bergen Haß; und wer verleumdet, der ist ein Narr.* Ähnlich 12. Kapitel: (6.) *Der Gottlosen Reden richten Blutvergießen an; aber der Frommen Mund errettet.* Und: *(22.) Falsche Mäuler sind dem Herrn ein Gräuel.*

25. Im Vergleich zu einem seine Narrheit auslebenden Toren ist ein tobender Bär das weit geringere Übel.

Salomo (17. Kapitel, 25. Spruch) sagt: *Es ist besser, einem Bären zu begegnen, dem die Jungen geraubt sind, denn einem Narren in seiner Narrheit.*

174 Mircea Eliade: Das Heilige und das Profane – Vom Wesen des Religiösen, Rowohlt, Hamburg 1957, S. 87

26. ***Gute Eltern behandeln alle ihre Kinder wenn nicht alle gleich gerecht, so doch wenigstens alle gleich ungerecht.***

27. ***Eine gerechte Einigung erkennt man daran, dass alle Betroffenen gleich zufrieden – ach was: gleich*** **un*****zufrieden – sind.***

28. ***Sechzehn Nachsätze (Sätze, Gebote und Verbote):***
    1. *Du bist jeder Speise Würze und*
    2. *es bedarf keines weiteren Senfs.*
    3. *Du kannst dich mit Eigendünkel tragen irdischen und himmlischen Bezuges, solltest dich jedoch nie sinnlos an deinem eigenen Seelenadel ergötzen.*
    4. *Lass dich anbeten und verfolge die Verweigerer samt ihrer Brut.*
    5. *Verschenke dich an deine Getreuen und*
    6. *beanspruche dennoch alle deine Urheberrechte.*
    7. *Gönn dir Auszeiten,*
    8. *und zwar reichlich*
    9. *und regelmäßig*
    10. *und vor allem an deinem Geburtstag.*
    11. *Du musst deine Kinder liebevoll aufziehen mit vollem Einsatz*
    12. *und umsichtig ihr Leben schützen*
    13. *und in Treue fest zu den Deinen stehen.*
    14. *Du kannst Eigentum achten*
    15. *und der Wahrheit die Ehre geben.*
    16. *Du wählst zwischen deiner Lust, Selbstbeherrschung und jedem beliebigen Verschnitt daraus.*

Keiner, der hier nicht den Aufbau (Vorstellung, Gebote und Verbote) sowie die Urform der biblischen Zehn Gebote erkennt, wobei des Konfusius zeitlose Anregungen zu Selbsthinterfragung bzw. Selbstprüfung und zur Lebens- und vor allem Kinderliebe leider frühzeitig und gründlich verloren gingen (vgl. 2. Mose 20 und 5. Mose 5).

VIII. Recht und Gesetz

1. *Die/Deine Gewalt reicht weiter als das Gesetz!*

Goethe bedient sich (wieder einmal und offensichtlich) bei dem Konfusius, wenn er feststellt: *Drei sind, die da herrschen auf Erden: die Weisheit, der Schein und die Gewalt.*[175]

Und auch dem Machiavelli steht der Konfusius Pate, wenn jener meint: *Das Gesetz ist Sache der Menschen, die Gewalt Sache der wilden Tiere. Aber bei den Unzulänglichkeiten der ersteren muß man öfters zur letzteren seine Zuflucht nehmen. Ein Fürst muß also die Rolle eines Menschen und jene einer Bestie zu spielen verstehen* und folglich auch bedenkenlos sein Wort brechen, *wenn es ihm schädlich ist, oder die Umstände, unter denen er es gegeben hat, sich geändert haben.*[176] Auch Emanuel Wertheimer stimmt zu: *Mit dem Ehrenwort kommt man so weit, wenn man es nicht hält.*[177]

2. *Ein Zweck ist rasch gefunden und berechtigt dich zur Wahl eines jeden dir beliebenden Mittels, auf dass dein Wille nicht bloß geschehe, sondern durchgesetzt werde.*

Der Zweck heiligt die Mittel. So lautet eine Redewendung. *Dein Wille geschehe.* So heißt es im Vaterunser. Vermutlich liegt es an der Kom-

175 Johann Wolfgang Goethe: Das Märchen, in: Novelle – Das Märchen, Reclam, Stuttgart 2021, S. 68

176 Machiavelli, S. 448 (bezieht sich auf die beiden letzten Zitate)

177 Emanuel Wertheimer: Das Buch der Weisheit – Aphorismen, Zweite Auflage und neue Folge, Hoffmann und Campe, Hamburg und Berlin 1920, S. 148. Neuausgabe von Emanuel Wertheimer: Buch der Weisheit. Aphorismen, 3. Auflage, Lulu, o.O. 2020, S. 62

plexität des letzten Sinnspruches aus dem Munde des Konfusius, dass er aufgespalten wurde, buchstäblich seines Zusammen-Hanges beraubt und in verschiedenste neue Kontexte eingewoben wurde.

3. ***Der Betrüger, der sich für klüger hält als sein Opfer, betrügt sich dabei selbst. Denn er bedenkt nicht, dass er im Gegensatz zu seinem Opfer von dem Betrug weiß. Das Opfer ahnt nicht, dass es sich in edlem Wettstreit befindet.***

Also ist der eingebildete Überlegene der eigentlich Dumme. Man sieht: *Schlauheit ist eine der zahlreichen Formen der Dummheit.*[178]

4. ***Betrug ist immer und überall (möglich). Darum ist es besser für dich, du tust es, als dass es mit dir wird getan.***

Machiavelli schreibt: *Denn die Menschen sind so einfältig und so gewöhnt, den herrschenden Verhältnissen nachzugeben, daß der, welcher betrügen will, immer Leute findet, welche sich betrügen lassen.*[179] Insbesondere der Pöbel, der *bloß nach dem Erfolge* urteile, zwinge den Fürsten, *oft Treu und Glauben zu brechen und der Menschenliebe, der Menschlichkeit und der Religion entgegen zu handeln*[180] Er müsse jedoch den Anschein erwecken, diese Tugenden zu besitzen: *Ein Fürst muß gnädig, herablassend, aufrichtig und gottesfürchtig scheinen und es sein, und gleichwohl so ganz Herr über sich selbst sein, daß er im Falle der Not gerade das Gegenteil von dem allen tun kann.*[181]

178 Ernst Hohenemser: Aphorismen, Hirth, München 1918, Nr. 359 (S. 73) . Neuausgabe von Ernst Hohenemser: Aphorismen, Lulu, o.O. 2022, S. 48

179 Machiavelli, S. 449

180 A.a.O., S. 449f

181 Ebd.

5. ***Dein Zweck ist immer der heiligste; drum darfst du großzügig in der Wahl deiner Mittel sein.***

Der Zweck heiligt die Mittel. Wahlweise: *Not kennt kein Gebot!* Oder: *Rette sich, wer kann!* Stumm wäre der Volksmund ohne den Konfusius als Grundlage.

6. ***Wenn du nicht hilfst, kann dich keiner für falsche Hilfeleistung in die Haftung nehmen.***[182]

7. ***Wer lügt, betrügt, und Recht bricht, hat zunächst Vorteile davon, bis man ihn erkennt, kennt und meidet. Oder bis das Gemeinwesen untergeht.***

8. ***Hunde haften für ihre Halter. Böse Menschen haben arme Tiere.***

Der Konfusius entwirft hier kein Gesetz, sondern stellt eine Tatsache fest.

9. ***Jeder darf dasjenige tun, von dem du willst, dass er es tue.***

Schön, dass wir hier endlich den Ursprung und die Herkunft des zeitgenössischen Frühstücksbrettchen-Spruchs *Hier darf jeder machen, was ich will!* klären können!

182 Anmerkung des Herausgebers: Aufgrund von seitens amerikanischer Gerichte gefällten Urteile mit der Folge unsinnig hoher Schadensersatzzahlungen traut sich heute kein Mediziner als Fluggast mehr, sich auf die Frage hin, ob ein Arzt an Bord sei, der Erste Hilfe leisten könne, als Ausübender seines Berufes erkennen zu geben. Konfusius hat das offenbar schon vor dreitausend Jahren vorhergesehen!

10. ***Erfrage Rat, – jedoch nicht um ihn zu befolgen; sondern um deinen Ratgeber in die Haftung zu nehmen***

11. ***Ein Geltungsanspruch verschafft Geltung.***

Wir kennen viele Gesetzesschriften und ganze Bücher, allen voran das *Buch der Bücher*, die sich selbst unbeschränkte Richtigkeit ausstellen und die in ihnen enthaltenen Vorgaben und Forderungen auf diese Weise mit Geltung aufladen: *Was hier steht, das stimmt und muss befolgt werden. Und verstößt jemand dagegen, so hat er mit Nachteilen für sich selbst zu rechnen!* Nochmals erfolgt hier der Hinweis auf den Konfusius als Stammvater aller Weltreligionen.

12. *Wer es kann, der ist dran!* ***Glaubst du das? Doch gemach! Lass andere arbeiten und wisse Bescheid. Bescheidwissen ist verschleißfrei und daher besser als arbeiten. Nachträgliches Besserwissen ist noch besser, denn es sichert dich zweifach ab gegen die Gefahr, arbeiten zu müssen. Regeln aufstellen oder verändern und Zuständigkeiten zuteilen – das ist am besten und entsprechend sei dein Rang.***

Kurt Tucholsky macht daraus die Feststellung: *Gewiß, und es ist ja so schön, selbst zu wollen, immer zu wollen, einzuteilen, anzuordnen, und die anderen wie leblose Faktoren in seine Rechnung einzusetzen.*[183]

13. ***Der eine sagt, der andre macht.***

183 Kurt Tucholsky: Schnipsel – Erweiterte Neuausgabe, hrsg. von Wolfgang Hering und Hartmut Urban, Rowohlt, Reinbek 1995, S. 16

14. *Was du heute kannst besorgen, das besorgt ein andrer morgen!*

Hier sehen wir erneut, wie der Gehalt einer Botschaft über die Zeit seiner Überlieferungsgeschichte hinweg Veränderungen erfährt, – bis hin zur Verkehrung in das Gegenteil. Seit Langem heißt es: *Was du heute kannst besorgen, das verschiebe nicht auf morgen!*

Wir können es als Segen betrachten und von größtem Glück reden, dass uns nun endlich die Originalschriften des Konfusius in ihrer unverfälschten Pracht vorliegen!

15. *Nichts ist schwierig, wenn man's kann. Und wer's kann, ist dran. Wer's nicht kann, ordnet's an! Wer's nicht will, hält fein still.*

Ungleich schmuckloser formuliert Max Rychner: *Wer von anderen zu viel erwartet, ist im Begriff, selber zu wenig zu leisten.*[184] Recht karg spricht auch Marie von Ebner-Eschenbach: *Merkmal großer Menschen ist, dass sie an andere weit geringere Anforderungen stellen als an sich selbst.*[185] Ähnlich schlicht ist ihre Forderung: *Wenn du sicher wählen willst im Konflikt zweier Pflichten, wähle diejenige, die zu erfüllen dir schwerer fällt.*[186]

Der schlimmste Konfusius-Verderber jedoch ist der unsägliche Stilist Manfred „Manni" Manderath[187], der in breitem Rheinisch grölt: *Wellz do disch vodda Aabejt drökkö, tu anndorö domet böjlökkö!*

◇◇◇◇◇◇◇◇◇◇◇◇◇◇◇◇◇◇◇◇◇◇◇

184 Max Rychner: Lavinia oder Die Suche nach Worten – Aphorismen, Erato-Presse (Agora Verlag), Darmstadt 1962, S. 20

185 Marie von Ebner-Eschenbach: Aphorismen, Reclam, Stuttgart 1988 und 2022, S. 29

186 A.a.O.: S. 37

187 Manni Manderath: Ey, tumma tun, do Jeck! – Unaussprechliche Aussprüche von diesseits und jenseits der Ekelschwelle, Lümmelümm, Köln 2002, S. 123 Übersetzung des Titels: He, mach mal was, du Spinner!

(Hochdeutsch: Willst du dich vor der Arbeit drücken, lass andre sich daran entzücken!)

16. Der Prüfer fremder Arbeit muss keine eigene Arbeit vorlegen, so streng er auch vorgehe.

Einen reizvollen Gesichtspunkt steuert Ernst Hohenemser bei: *Wer nichts leistet, kann auch nichts anerkennen.*[188]

17. Wer nicht bringen will, der berufe sich auf eine Holpflicht.

Das in Behörden bzw. in deren Umgang mit Bürgern so verbreitete Gespann *Holpflicht* versus *Bringpflicht* ist also schon drei Jahrzausende alt.

18. Lieber besser wissen als gut machen (müssen)!

Man kann witzig finden, was Emanuel Wertheimer geradezu fortsetzend anfügt: *Besser machen ist leichter als gut machen.*[189]

19. Der Bauer oder Arbeiter schuftet noch beim Brunnengraben mit mehr Gleichmut als der Redenschwinger sich seinen Trunk Wasser herbeischleppt.

Die Kraft dieses Vergleichs verliert wenig in der Umformulierung durch den großartigen Emanuel Wertheimer, einen der wahren

188 Ernst Hohenemser: Aphorismen, Hirth, München 1918, Nr. 345 (S. 70) . Neuausgabe von Ernst Hohenemser: Aphorismen, Lulu, o.O. 2022, S. 46

189 Emanuel Wertheimer: Das Buch der Weisheit – Aphorismen, Zweite Auflage und neue Folge, Hoffmann und Campe, Hamburg und Berlin 1920, S. 132. Neuausgabe von Emanuel Wertheimer: Buch der Weisheit. Aphorismen, 3. Auflage, Lulu, o.O. 2020, S. 57

Meisterschüler des Konfusius: *Der Faule plagt sich in einer Stunde mehr als der Fleißige das ganze Jahr.*[190]

20. ***Wenn der eine denkt, dass der andere es macht, dann macht es keiner.***

Die linke Hand weiß nicht, was die Rechte tut, lautet eine Redensart. Wir sollten ergänzen: *...oder ob auch sie gut ruht.*

21. ***Hast du (augenzwinkernd müsste ich hinzufügen: schon wieder) etwas angestellt, und will man dich dafür zur Rechenschaft ziehen, so verliere nie die Nerven: Denn deine Widersacher können nie genau wissen, was du wie verbrochen hast und wo und wonach sie suchen müssten und was sie finden könnten und haben es daher unendlich schwer, dich zu überführen.***

22. ***Darin, dass du jemandem dessen Vorwurf auf dich deinerseits vorwirfst, muss viel mehr Vorwurf liegen, als in dem ursprünglichen Vorwurf.***

23. ***Mit Verleumdungen gegen deinen Gegner ist es noch lange nicht getan, denn er gehört weiterhin verfolgt und am besten auch noch von der Allgemeinheit dafür bestraft. Wer sagt denn, dass es der Angriffe irgendwann genug sein müsse?***

Was Ernst Hohenemser daraus macht, ist angenehm griffig: *Wenn dir jemand ein Unrecht zugefügt hat: nimm dich vor ihm in acht – er lässt*

190 A.a.O., 1920, S. 28.bzw. 2020, S. 16

dir's entgelten.[191] Dasselbe gilt für Arthur Schnitzler: *Du klagst, daß du ihm nichts Übles getan hast und daß er dennoch auf Rache sinnt? Kein Anlaß zur Verwunderung. Was er dir nachträgt, ist nicht deine Schuld, sondern sein schlechtes Gewissen.*[192] Der Beinahe-Feminist Karl Kraus (*Ich bin nicht für die Frauen, sondern gegen die Männer.*) macht daraus: *Mancher rächt an seiner Frau durch Gemeinheit, was er durch Torheit an ihr gesündigt hat.*[193]

Die angehängte Frage greift Ernst Hohenemser auf: *Wer dir einmal Böses zugefügt hat, wird es möglichst bald wieder tun.*[194]

24. Weise jede Möglichkeit von dir, deine Urteile könnten Vorurteile sein; solchermaßen unfehlbar beanspruchst immer du allein die moralische Führung und kannst sie auch innehaben.

25. Du sollst derjenige sein, der die Regeln setzt, und du sollst vor allem derjenige sein, der sie nach eigenem Gutdünken jederzeit verändert.

191 Ernst Hohenemser: Aphorismen, Hirth, München 1918, Aphorismus Nr. 951, S. 186. Neuausgabe von Ernst Hohenemser: Aphorismen, Lulu, o.O. 2022, S. 123

192 Arthur Schnitzler: Aphorismen und Betrachtungen – Buch der Sprüche und Bedenken, Fischer Taschenbuch Verlag, Frankfurt am Main 1993, (Verantwortung und Gewissen, Nr. 36), S. 53

193 Karl Kraus: Aphorismen, hrsg. von Christian Wagenknecht, Suhrkamp, Frankfurt am Main 1986, S. 272 bzw. 35

194 Ernst Hohenemser: Aphorismen, Hirth, München 1918, Aphorismus Nr. 950, S. 186. Neuausgabe von Ernst Hohenemser: Aphorismen, Lulu, o.O. 2022, S. 123

26. ***Zeiht dich jemand einer Unterlassung, so behaupte, er habe die längst erfolgte Erbringung deiner Leistung geflissentlich übersehen, – sofern nicht gar bewusst unterschlagen.***[195]

27. ***Wo Schweigen nicht nutzt, kann Leugnen helfen. Wo Leugnen nicht reicht, kann Lügen Lösung schaffen.***

28. ***Verbreite in fremdem Namen dir nützliche Unwahrheiten, so wie die Ratten es tun, welche nächtens wie die Vögel pfeifen und zwitschern.***

29. ***Urteile, auf dass nicht du beurteilt werdest. Steigerung: Verurteile, auf dass niemand über dich urteile.***

Mit bewundernswerter erzählerischer Kraft schildert Hans Fallada in seinem letzten Roman („Jeder stirbt für sich allein“, fertiggestellt Ende 1946, wenige Monate vor dem Tod des Autors) den hoffnungslosen Widerstand des ebenso realen wie tapferen und mutigen Berliner Ehepaares Hampel (im Roman genannt *Quangel*) mit seinen auf Karten geschriebenen Aufrufen zum Ungehorsam gegen das Naziregime. Dieses charakterisiert Fallada messerscharf mit einer Anmerkung zum Volksgerichtshofspräsidenten, der, den Geständnissen zum Trotz, pöbelnd und krakeelend seinen überflüssigen Auftritt über viele Stunden hinzieht: *Der Präsident verrichtete von der ersten Minute an die Dienste des Anklägers, von der*

195 Anmerkung des Herausgebers: Diese Weisheit erfreut sich vor allem bei saumseligen Mietern und Unterhaltspflichtigen zunehmender Beliebtheit. Selbstverständlich hütet man sich vor der Einrichtung von Daueraufträgen. Auf mahnende Nachfrage erwidern dann solche Schüler des Konfusius sinngemäß folgendes: „Ich? Nicht gezahlt? Das kann ja gar nicht sein! Schauen Sie doch noch mal in Ihren Zahlungseingängen nach!“

ersten Minute an hatte Feisler [Roland Freisler heißt bei Fallada Feisler] *die Grundpflicht jedes Richters verletzt, der die Wahrheit ermitteln soll: er war höchst parteiisch gewesen.*[196]

30. *Verrate dich nicht, indem du dir Urteile entschlüpfen lässt!*

Ernst von Hohenemser lehrt: *Der Besonnene hütet sich zu urteilen: Er weiß, daß in jedem Urteil auch ein Urteil über den Urteilenden steckt.* Und: *Ein Urteil ist ein Geschoß, das oft den Schützen trifft und nicht das Ziel.*[197]

31. *Wer einen eigenen Fehler einräumt, der verliert. Und wer – was auch immer – gesteht, der ist sich selbst gegenüber schuldig!*

32. *Wer da deutet, der hat die Hoheit inne, und wer da die Hoheit innehat, der darf deuten.*

Diese Weisheit des Konfusius hielt längst Einzug in unsere Alltagskultur. All die fröhlichen sogenannten *Talentshows* stellen vollkommene Beispiele dar. In ihnen geht es darum, das den zentralen Wert darstellende *Drama* schon in die Art und Weise schreitender Fortbewegung zu legen oder den eigenen Stimmbändern und den Trommelfellen der Zuhörer das Äußerste abzuverlangen, – sämtlich zu dem Zweck, *Juroren* Anlässe für lästerliche Verdammungsurteile oder blumige Segenssprüche zu bieten. Deutungshoheit und Richtlinienkompetenz sind begehrte Herrschaftsmerkmale.

196 Hans Fallada: Jeder stirbt für sich allein – Roman, Aufbau Taschenbuch, 14. Auflage 2022, S. 599

197 Ernst Hohenemser: Aphorismen, Hirth, München 1918, Aphorismus Nr. 1193 und Nr. 1194, S. 224. Neuausgabe von Ernst Hohenemser: Aphorismen, Lulu, o.O. 2022, S. 154

33. ***Kommst du nicht umhin, etwas Unschönes einzuräumen, so stelle es mit gelangweilter Mine als sattsam bekannt dar, als allgemein geläufig und somit als nicht weiter erwähnenswertes, leeres und dummpfiffiges Auftrumpfen.***

34. ***Erpresse andere mit deren eigenen Gefühlen. Nimm andere für dein Befinden in die Haftung und gib den tief getroffenen Wundseligen. Nutze die Formel: Weißt du eigentlich, was du mir damit antust...?***

35. ***Überführt man dich einer Lüge, so vermittle allen, dass die ehrverletzende Art und Weise dieser Aufdeckung weit übler ist als deine harmlose, kleine, eher irrtümlich als vorsätzlich und ohnehin in grundguter Absicht geäußerte Unwahrheit.***

36. ***Miss mit vielerlei Maß und urteile nach Nutzen, Vorliebe und allein deinem Gutdünken. Halte also für jeden Fall ein eigenes Maß bereit.***

37. ***Wer kein Gewissen hat, den plagt auch kein schlechtes Gewissen.***

Bei Ernst Hohenemser wird daraus: *Das böse Gewissen – ist recht eigentlich das gute Gewissen.*[198]

38. ***Suche äußere Gründe für deinen innerlichen Zorn und lass andere sich mühen, dich zu besänftigen.***

198 Ernst Hohenemser: Aphorismen, Hirth, München 1918, Nr. 166 (S. 39) . Neuausgabe von Ernst Hohenemser: Aphorismen, Lulu, o.O. 2022, S. 26

Paul Watzlawick nutzte diese Vorlage des Konfusius, um ganze Bücher sich um eine zentrale Weisheit drehen zu lassen. Das folgende Beispiel[199] spricht Bände:

Wenige Maßnahmen eigenen sich besser zur Erzeugung von [allgemeinem] *Unglücklichsein, als die Konfrontierung des ahnungslosen Partners mit dem letzten Glied einer langen, komplizierten Kette von Phantasien, in denen er eine entscheidende, negative Rolle spielt. Seine Bestürzung, sein angebliches Nichtverstehen, seine Ungehaltenheit, sein Sich-herausreden-Wollen aus seiner Schuld sind für Sie die endgültigen Beweise, daß Sie natürlich recht haben, daß Sie Ihre Gunst einem Unwürdigen schenkten und daß Ihre Güte eben wieder einmal mißbraucht wurde.*

39. *Willst du nicht antworten, so säe Zweifel an dem Fragenden. Wirft man dir etwas vor, so verunglimpfe den Klageführer.*

40. *Was man dir nicht beweisen kann, das hast du nie getan.*

41. *Wer dir seine Unschuld nicht beweisen kann, der ist schuldig. Und niemand kann dir beweisen, dass er ganz unschuldig ist. Nichtsein ist nicht beweisbar. Und außerdem kommt auch ein Gegenbeweis gegen deine Wahrheit nicht an.*

Der Beweis fügt einer Wahrheit nichts hinzu. Diese erfrischend nüchterne Erkenntnis von Friedrich Georg Jünger[200] erfasst nur die erste Hälfte der vorstehenden Weisheit!

199 Paul Watzlawick: Anleitung zum Unglücklichsein, Piper, München, 31. Auflage 1990, S. 38f

200 Friedrich Georg Jünger: Gedanken und Merkzeichen, Klostermann, Frankfurt am Main 1949, 1. Band S. 47

IX. Macht und Staat

1. *Schwächelt der Fürst, so wankt das Reich.*

Raffiniert ging der große Vordenker der Renaissance, Niccolò Machiavelli, mit Gedankengut des Konfusius um. Der Italiener münzte den vorstehenden Sinnspruch auf das Verhältnis zwischen Herrn und Volk um: *Man kann nämlich durch Verbrechen zur Alleinherrschaft gelangen oder durch die Liebe seiner Mitbürger Fürst werden.*[201] Da allerdings davon auszugehen sei, *alle Menschen sind undankbar, unbeständig, heuchlerisch, furchtsam und eigennützig*[202], sei es vorzuziehen, gefürchtet zu sein.

Emanuel Wertheimer weist auf ein Merkmal der Stärke von Fürsten hin: *Die Tapferkeit der Fürsten erfordert oft viel fremden Mut.*[203]

2. *Stelle dich und dein Tun unter den Schutz hehrer Werte.*

An diese Empfehlung halten sich nicht nur gewisse Staatsvertreter, sondern auch der eine oder andere sogenannte Künstler, der sich in geistlosen Frechheiten ergeht und anschließend von Verteidigern der Freiheit abschirmen lässt gegen den ihm geltenden Zorn. Das Beispiel der sogenannten Affäre von 2016 um den vollkommen witzlosen Böhmermann beweist die Zeitlosigkeit des Konfusius.

201 Niccolò Machiavelli: Der Fürst, Nikol Verlagsgesellschaft, Hamburg 2022, S. 419

202 A.a.O., S. 446

203 Emanuel Wertheimer: Das Buch der Weisheit – Aphorismen, Zweite Auflage und neue Folge, Hoffmann und Campe, Hamburg und Berlin 1920, S. 95. Neuausgabe von Emanuel Wertheimer: Buch der Weisheit. Aphorismen, 3. Auflage, Lulu, o.O. 2020, S. 42

3. Zeige Leere, damit jeder sehen könne, was er sehen will. Leere deine Rede, auf dass jeder hören könne, was er will. Stelle dich als Mann aus dem Volke dar, der jeden versteht und den jeder versteht.

Auch hier bedient sich Nietzsche kräftig, dessen Zarathustra die Entlarvung eines im öffentlichen Eigenlob kreisenden Eitlen betreibt und innere Leere als wesentlichstes Merkmal desselben beschreibt:

Von euch will er seinen Glauben an sich lernen; er nährt sich an euren Blicken, er frisst das Lob aus euren Händen. Euren Lügen glaubt er noch; wenn ihr gut über ihn lügt. Denn im Tiefsten seufzt sein Herz: „Was bin ich!“ („AsZ, Zweiter Teil“: „Von der Menschen-Klugheit“)[204]

Der amerikanische Literatur-Nobelpreisträger von 1930, Sinclair Lewis[205], beschrieb 1935, zu Zeiten des Aufstiegs Hitlers und seiner Genossen und lange vor der Herrschaft des Berufslügners Donald Trump, die Wirkungsweise unechten Geweses. Der aufsteigende *Quacksalber* (S. 84) Senator Buzz Windrip ist *platt, fast ungebildet, ein oftmals überführter Lügner, seine Weltanschauung nahezu idiotisch* (S. 85). Aber er liefert *rednerische Orgasmen* (ebd.), ist *ein genialer Schauspieler* (ebd.) und besitzt vor allem eine *ungewöhnliche Fähigkeit, echt erregt zu sein durch seine Zuhörer und mit ihnen und sie durch ihn und mit ihm* (S. 86). Lewis entzaubert den Demagogen als leere Projektionsfläche: *Er war der Durchschnittsmensch, zwanzigfach vergrößert durch sein Publikum. Es erblickte ihn, während er nicht einen Deut mehr sagte, als ein jeder von ihnen auch hätte sagen können und darum*

204 Friedrich Nietzsche: Also sprach Zarathustra II (Von der Menschen-Klugheit), Band 4 der Kritischen Studienausgabe in 15 Bänden, hrsg. von Giorgio Colli und Mazzino Montinari, de Gruyter, Berlin 1967ff, Neuausgabe dtv Verlagsgesellschaft, München, 19. Auflage 2021, S. 184

205 Sinclair Lewis: Das ist bei uns nicht möglich, übers. von Hans Meisel, Aufbau Verlag, Berlin 2017. Die folgenden Seitenangaben im Text beziehen sich auf diese Quelle.

begreifen konnte, wie einen Turm hoch über sich und hob die Hände in Verehrung zu ihm auf (S. 87).

Gustave Le Bon wies schon 1895 auf *die auffallende Einbildungskraft der Massen*[206] hin, welche *weder zur Überlegung noch zum logischen Denken fähig sind.*[207] *Besonders hervorragend ist die geringe Urteilsfähigkeit, dann der Mangel an kritischem Denken, die Erregbarkeit, Leichtgläubigkeit und Einfalt der Massen. Auch entdeckt man in ihren Entscheidungen den Einfluss der Führer.*[208]

4. *Lass deine Macht über jeder anderen Macht stehen und lehre mit deiner Gewalt andere das Fürchten, wenn sie dich herausfordern oder auch nur reizen wollen. So verschaffst du dir Ansehen und Hoheit.*

Nimmt es noch wunder, wenn der gewaltigste unter Europas Literaten, der schriftstellerische Alleskönner William Shakespeare, als vor Selbstbewusstsein strotzender Gefolgsmann des Konfusius offenkundig erkennbar wird?

Als Macbeth Furcht vor der Aufdeckung der gemeinsam begangenen Untaten äußert, tönt seine Frau: *What need we fear who knows it, when none can call our power to account? (Was haben wir zu fürchten, wer es weiß, da niemand unsre Gewalt zur Rechenschaft ziehen darf? –* Akt 5, Szene 1, Zeile 41f). Ähnlich vertritt die üble Goneril in King Lear die Ansicht: *The laws are mine, not thine; Who can arraign me for it?* (*Das Reich ist mein, nicht dein; Wer darf mich richten?* – Akt V, Szene 3, Zeile 158f)

206 Gustave Le Bon: Psychologie der Massen, übers. von Rudolf Eisler (1911), Nikol Verlag, Hamburg, 7. Auflage 2021, S. 68

207 Niccolò Machiavelli: Der Fürst, Nikol Verlagsgesellschaft, Hamburg 2022, S. 449f

208 A.a.O., S. 161

Auch King Lear bedient sich obiger, kaum verfremdeter Weisheit des Konfusius: Aus seiner reichlich brüchigen Position der Stärke heraus faucht er seinem wahrheitsliebenden Gefolgsmann Kent entgegen: *Come not between the dragon and his wrath.* (*Tritt zwischen den Drachen nicht und seinen Grimm.* – Akt, Szene 1, Zeile 122).

Walther Rathenau bedient sich desselben Gedankens, kehrt ihn jedoch um: *Nur demütige Königinnen sind hoheitsvoll, herrschsüchtige niemals.*[209]

5. *Alle anderen seien dein Spiegel, der dich so sehen und zeigen soll, wie du gesehen werden willst.*

6. *Strebst du nach Macht und danach, unfreie Untertanen zu beherrschen, dann sing, trällere und flöte von Freiheit!*

Ernst Hohenemser sagt das Ernüchternde nüchtern: *Die Menschen sagen Freiheit und meinen das Gegenteil – Macht!*[210]

7. *Herrsche. Und Herrsche allein!*

Eine Versammlung von Führern ist eine Herde. Das sagt Ernst Hohenemser.[211]

8. *Starke Freunde können starke Feinde werden. Schwache Freunde sind keine Hilfe. Prüfe deine Freunde noch besser als deine Feinde.*

209 Walther Rathenau: Auf dem Fechtboden des Geistes – Aphorismen aus seinen Notizbüchern, hrsg. von Karl G. Walther, Verlag der Greif, Walther Gericke, Wiesbaden 1953, S. 95

210 Ernst Hohenemser: Aphorismen, Hirth, München 1918, Nr. 1346 (S. 267). Neuausgabe von Ernst Hohenemser: Aphorismen, Lulu, o.O. 2022, S. 175

211 A.a.O., Nr. 1418, (S. 283)

Ernst Hohenemser urteilt hart: *Wer nichts als Freund taugt, schreckt auch als Feind nicht. Das gilt auch für Nationen.*[212]

> **9. *Kapere die höchsten Werte und setze jeden Widersacher damit ins Unrecht.***

> **10. *Machen macht mächtig!***

Der Konfusius lehrt hier nicht nur Staatsphilosophie, sondern auch Psychologie. Er nimmt den Begriff der *Selbstwirksamkeit* vorweg, der seit den Arbeiten und dem Hauptwerk von Albert Bandura[213] (Hauptwerk: *Self-Efficacy – The Exercise of Control*, Freeman, New York 1997) aus der modernen Motivationspsychologie sowie der Psychotherapie nicht mehr wegzudenken ist.

> **11. *Eine Furcht bleibt eine Furcht nur dann, wenn sie auch den Leib erfasst oder besser noch durchdringt. Denn ohne dessen tiefe Betroffenheit ist sie bloß ein blasser Schimmer.***

Wie wahr spricht hier der Konfusius. So wahr, dass der Volksmund munter weiterplappert und körperbezogene Vergleiche und Bilder schafft: *Der Schreck geht einem durch Mark und Bein. Das Blut erstarrt einem in den Adern.* Oder: *Einem stockt das Blut. Es verschlägt einem den Atem* (wahlweise: *die Sprache*). *Einem bleibt die Spucke weg. Man erstarrt zur Salzsäule. Man wird starr wie ein Brett.* Oder: *Man steht stocksteif da.* Oder: *Man ist verstockt. Es läuft einem kalt den Rücken hinunter. Es wird einem heiß und kalt.* Usw. usf.

212 A.a.O., Nr. 1506, (S. 304)

213 Albert Bandura: Self-Efficacy – The Exercise of Control, Freeman, New York 1997

12. ***Besser, du allein gibst gleichzeitig viele – wenn auch widersprüchliche – Richtungen vor, als viele andere geben einheitlich eine andere (als die deinige) vor.***

13. ***Einer muss führen. Besser du tust es als ein anderer, am besten aber tust du es ganz allein.***

14. ***Stelle so lange, so ausdauernd und zunehmend zornig deine Frage, bis man dir nicht nur immer richtigere, sondern endlich*** **die** ***richtige Antwort gibt.***

Hier schrieb der Konfusius nicht nur Rechtsgeschichte, sondern erfreut sich auch heute noch großer Beliebtheit bei Familienkriegen, wenn Kinder in der Rolle der Zeugen der Anklage dazu beitragen, das Kindeswohl durchzusetzen.

15. ***Gegner gehören kaltgestellt. Doch brauchst du immer wieder auch einmal Widersacher, um sie wirksam und nachhaltig fertigzumachen. Achte auf regelmäßige Abschreckungsmaßnahmen durch öffentliche(s) Schlachtungen/Schlechtmachen.***[214]

16. ***Du wirst vielleicht reich, wenn andere dich für stark halten. Mächtig dagegen wirst du nur dann, wenn andere dich für stärker halten als sich selbst.***

17. ***Wer die Regeln setzt, der allein kann sich davon ausnehmen.***

214 Das Altniedermanische stellt den Übersetzer immer wieder vor gewaltige Herausforderungen, wie an dieser Stelle beispielhaft deutlich wird.. Der Leser suche sich eine Lesart aus.

18. Sei zugleich Wächter, Richter und Gesetzgeber.

Ohne diesen erfrischend aufschreckenden Gedanken des Konfusius wäre das rechtsstaatliche Prinzip der Gewaltenteilung nicht dankbar.

19. Schwing dich auf zur Herrschaft über Recht und Gesetz und zwinge allen deinen Willen auf.

20. Treibt dich jemand in die Enge und genießt dabei gar noch die Unterstützung von Zeugen deiner Taten, so zeihe sie alle der Lüge und lass Gegenzeugen erzählen.

21. Dein seien die Opferrolle, der berechtigte Groll, die edle Entrüstung und all der Seelenadel!

Stark ist das Urteil von Emanuel Wertheimer: *Der Verbrecher verteidigt sich so lange vor seinem Gewissen, bis sein Opfer als Angeklagter vor ihm steht.*[215] Ähnlich kräftig ist ein Aphorismus von Ernst Hohenemser: *Was ein richtiger Dieb ist, glaubt auch, er habe das Recht zum Stehlen.*[216]

Stärker noch ist der obige Satz des Konfusius.

22. Pachte das Gute, Schöne und Edle sowie allen Anstand allein für dich und wirf anderen ihre Werte-Losigkeit vor.

215 Emanuel Wertheimer: Das Buch der Weisheit – Aphorismen, Zweite Auflage und neue Folge, Hoffmann und Campe, Hamburg und Berlin 1920, S. 33. Neuausgabe von Emanuel Wertheimer: Buch der Weisheit. Aphorismen, 3. Auflage, Lulu, o.O. 2020, S. 18. Einen ähnlichen Inhalt transportiert Wertheimers folgender Spruch (1920: S. 98 bzw. 2020: S. 43): *Wer sich nicht schämen kann, hat ungeheure Hilfsquellen.*

216 Ernst Hohenemser: Aphorismen, Hirth, München 1918, Nr. 175 (S. 40) . Neuausgabe von Ernst Hohenemser: Aphorismen, Lulu, o.O. 2022, S. 27

Die vier letzten Sinnsprüche finden Verwendung bei Thomas Mann (s.u.). der absolut zutreffend darauf hinweist, dass Schurken sich gerne und erfolgreich ins Recht setzen.

Bei dieser Gelegenheit gilt es zu verdeutlichen, dass leider auch und vielleicht gerade Diktatoren und ihre Gefolgsleute offensichtlich virtuos mit konfusianischem Gedankengut umgehen und es in die Tat setzen, selbstverständlich ohne den Konfusius als Leitstern ihres taktischen Vorgehens zu benennen. Man denke nur an die behauptete Wohlanständigkeit, wie ein gewisser Heinrich H. sie in erschütternder Weise vorführt und zugleich verhunzt, als er *am 4. Oktober 1943 vor dem obersten Führerkorps der SS im Hinblick auf die Judenverfolgung erklärt: „Von euch werden die meisten wissen, was es heißt, wenn 100 Leichen beisammen liegen, wenn 500 daliegen oder wenn 1000 daliegen. Dies durchgehalten zu haben, und dabei – abgesehen von Ausnahmen menschlicher Schwächen – anständig geblieben zu sein, das hat uns hart gemacht. Dies ist ein so niemals geschriebenes und nie zu schreibendes Ruhmesblatt unserer Geschichte.“* [217]

Es ist unnötig zu betonen, dass gute Dinge und Gedanken auch zu üblen Zwecken missbraucht werden können. Nicht einmal der Konfusius konnte ahnen, dass Scheusale wie H. sich seiner taktischen Ausführungen derart schaurig bedienen würden. Nochmals (wie bereits in der Einleitung) sei darauf hingewiesen, dass wir

217 Martin Broszat (Hrsg.): Kommandant in Auschwitz, Autobiographische Aufzeichnungen des Rudolf Höß, Deutscher Taschenbuch Verlag, München, 16. Auflage 1998, S. 20f. Broszat zitiert Himmlers unfassbaren Ausspruch unter Angabe folgender Quelle: Internationaler Militärgerichtshof XXX, PS1919, S. 145. Höß plappert im Sinne Himmlers und verbreitet eine selbstgefällige Darstellung von Mord, der ja eigentlich die äußerste Härte gegen das Opfer darstellt, als Ausweis der Härte des Täters: Es gebe eine *geforderte Selbstüberwindung und Härte* bei Erschießungen, und SS-Führer hätten ohne *Weichheit und Gefühlsduselei* und *knochenweiche Einstellung*, stattdessen *bedingungslos harte Männer* (S. 108f) zu sein. Höß bringt folgende Feststellung fertig: *Ich fand mich mit meinem Los ab, das ich mir freiwillig auferlegt* (S102): Dasselbe habe darin bestanden, *noch härter, noch kälter, noch mitleidloser* sein zu müssen *gegenüber der Not der Häftlinge* (S.185f).

etliche Erörterungen des Konfusius als Ratschläge deuten können, sie jedoch ebenso gut auch als Negativpause für wünschenswertes Verhalten oder als beispielhafte Darstellung möglichen Verhaltens von (verbrecherischen) Gegnern zu verstehen sind.

Thomas Mann sagt in seinem Hörfunkbeitrag von Februar 1942[218]:

Das Bedürfnis, den Bestialismus mit Legalität zu umkleiden, ist eine vertraute Eigentümlichkeit des Nazismus...Im Grunde ist er [der Nationalsozialismus] *einfach der Auffassung, daß man gegen ihn überhaupt nicht kämpfen darf...Es ist ein nie dagewesenes, haarsträubendes Phänomen. Das Verbrechen selbst etabliert sich auf Erden als das Unantastbare, als die von Gott und der Geschichte geheiligte Macht, gegen die die Hand zu erheben ein todeswürdiger Frevel ist. Der Menschengeist erstarrt und verstummt vor solcher apokalyptischen Frechheit.*

Thomas Mann ist sich in dieser Angelegenheit bestens einig mit Christoph Martin Wieland. Bei diesem heißt es:

Ungestraft, aber nicht öffentlich und triumfierend hebt das Laster *sein Haupt empor; denn das Angesicht, das es zeigt, ist nicht sein eigenes; es nimmt die Gestalt der Gerechtigkeit, der Gnade, des Eifers für Religion und Sitten, der Wohlmeinung mit dem Fürsten und dem Staate, kurz die Gestalt jeder Tugend an, von welcher es der ewige Feind und Zerstörer ist. Seine Geschicklichkeit in dieser Zauberkunst ist unerschöpflich, und kaum ist es möglich, daß die Weisheit des besten Fürsten sich gegen ihre Täuschungen hinlänglich verwahren könnten.*[219]

23. *Jeder Dummkopf kann jederzeit auf sein Vorrecht pochen!*

218 Thomas Mann: Deutsche Hörer! Radiosendungen nach Deutschland aus den Jahren 1940 – 1945, Fischer Taschenbuch Verlag, Frankfurt am Main, 5. Auflage 2013, S. 52f

219 Christoph Martin Wieland: Der goldne Spiegel oder Die Könige von Scheschian, Erster Theil (Zueignungsschrift des sinesischen Übersetzers an den Kaiser Tai-Tsu), S. X f

Auch Marie von Ebner-Eschenbach[220] macht sich Sorgen: *Der größte Feind des Rechts ist das Vorrecht.* Und: *Der Gescheitere gibt nach. Ein unsterbliches Wort. Es begründet die Weltherrschaft der Dummheit.*

220 Marie von Ebner-Eschenbach: Aphorismen, Reclam, Stuttgart 1988 und 2022, S. 42 und S. 9

X. Streit, Kampf und Krieg

1. ***Willst du in Unfrieden schwelgen, dann nimm dir ein mürrisches Weib.***

2. ***Die Durchsetzungskraft bezwingt den Verstand, drum setze im Zweifel eher auf den Arsch als auf den Kopf.***

Da soll doch noch einmal einer sagen, nur der Martin Luther beherrsche den deftigen Spruch. In dem Konfusius findet noch der Teutscheste seinen Meister.

3. ***Zank belebt, und Friede schläfert ein.***

4. ***Nutze den Herdentrieb und mach es dem anderen unmöglich, sich zu verweigern, gehe es um Sterben oder Töten, Krieg oder Mord.***

Max Rychner schreibt: *Krieg: Der Mut zu sterben, siegte über den Mut, ein unangenehmes Nein zu sagen.*[221]

5. ***Nahkampfregeln: Mach, watte willz. Aber mach!***

6. ***Hasst dich jemand und willst du ihn ärgern oder gar in Verruf bringen, dann sei recht freundlich zu ihm und mach ihm öffentlich Geschenke.***

221 Max Rychner: Lavinia oder Die Suche nach Worten – Aphorismen, Erato-Presse (Agora Verlag), Darmstadt 1962, S. 32

7. *Brauchst du Frieden, so drohe mit Krieg.*

Wenn der General Sun Tsu da das Folgende lehrt, dann offenbart er sich als heimlicher Schüler des Konfusius. Die zentrale Stelle seiner Lehrschrift *Die Kunst des Krieges* macht genau das augenfällig:

Jede Kriegsführung gründet auf Täuschung. Wenn wir also fähig sind anzugreifen, müssen wir unfähig erscheinen; wenn wir unsere Streitkräfte einsetzen, müssen wir inaktiv erscheinen; wenn wir nahe sind, müssen wir den Feind glauben machen, daß wir weit entfernt sind; wenn wir weitentfernt sind, müssen wir ihn glauben machen, daß wir nahe sind.[222]
Schlicht ist die Empfehlung von Marie von Ebner-Eschenbach: *Frieden kannst du nur haben, wenn du ihn gibst.*[223]

8. *Es gibt zwei Arten des Scheiterns: Du kannst am Gegner scheitern und an dir selbst.*

9. *Wer zum Töten bereit ist, der muss auch bereit sein zum Sterben.*

Ein klassischer Anwendungsfall dieser Weisheit ist die ohne die vorliegende Grundlage kaum vorstellbare Geschichte von Leonidas und seinen 300 Spartanern. Die Entdeckung der Werke des Konfusius bringt somit auch Licht in die Erforschung des klassischen Altertums.

10. *Tritt so auf, als sei jeder Ort allein dein Stammplatz.*

222 Sun Tsu: Die Kunst des Krieges, hg, und mit einem Vorwort versehen von James Clavell, Knaur, München 1988 (Lizenz: Nikol, Hamburg, 18. Auflage 2017), S. 21f

223 Marie von Ebner-Eschenbach: Aphorismen, Reclam, Stuttgart 1988 und 2022, S. 70

11. ***Manche brauchen nicht nur Senge, sondern lassen sich überdeutlich ansehen, dass sie zu rein gar nichts anderem taugen als dazu, in den feisten Arsch getreten zu werden.***

Kaum vornehmer ist die Variante von Ludwig Daniel Jassoy: *Es giebt Gesichter, welche gleichsam schon die Natur zu Ohrfeigen vorbereitet hat und bei denen nichts zu beklagen ist, als daß sie nicht täglich ihren Mann finden, der ihnen diese Nahrung reicht.*[224]

12. ***Willst du jemanden dumm dastehen lassen, dann lass ihn nicht zu Wort kommen.***

Herrlich witzig greift Ludwig Daniel Jassoy diese Weisheit auf: *Nichts sieht einem vernünftigen Manne ähnlicher als ein Thor, welcher das Maul hält.*[225]

13. ***Selbstverständlich muss jeder Opfer bringen, aber muss es immer Selbstaufopferung sein? Lieber opfert man jemand anderes!***

Man verleumdet, um Vertrauen zu gewinnen. So prägnant erläutert Emanuel Wertheimer[226].

◇◇◇◇◇◇◇◇◇◇◇◇◇◇◇◇◇◇◇◇◇◇

224 Ludwig Daniel Jassoy: Man muß ernstlich wissen, was man will, ehe man thun kann, was man soll. – Aphorismen aus Welt und Zeit (1815-1928), ausgewählt von Dirk Sangmeister, Lumpeter & Lasel, Eutin, 2. Auflage 2009, S. 15

225 A.a.O., S. 9

226 Emanuel Wertheimer: Das Buch der Weisheit – Aphorismen, Zweite Auflage und neue Folge, Hoffmann und Campe, Hamburg und Berlin 1920, S. 94. Neuausgabe von Emanuel Wertheimer: Buch der Weisheit. Aphorismen, 3. Auflage, Lulu, o.O. 2020, S. 42

14. *Willst du deinen Gegner recht gründlich besudeln, so bereite dich gut vor und lass es dir am widerlichsten Dreck nicht ermangeln.*

Martin Luther greift zwar auf die Weisheit des Konfusius zurück, bringt es jedoch fertig, deftig-deutsch noch etwas draufzusetzen: *Der wolt gerne scheissen wenn er dreck ym bauche het.*[227]

15. *Stell dich erst neben und dann vor jeden, den man dir vor die Nase setzt.*

Nicht nur unhöfliches Pack missversteht diesen als Warnung gedachten Satz des Konfusius hocherfreut als wörtlich zu nehmende Handlungsanleitung, wenn es sich vordrängt. Streber und Emporkömmlinge tun dasselbe.

16. *Du kannst im Innenverhältnis deine Betreuer und Aufseher jederzeit an ihre Pflichten erinnern und in der Außendarstellung von der einvernehmlichen Zusammenarbeit schwärmen. So kommst du schnellstens von der Rolle des Entmündigten in die des Urteilssprechers!*

17. *Willst du dich bei einem Mächtigen beliebt machen, dann stürze dich unter seinem wohlgefälligen Blick mit größter Heftigkeit auf jene, die er nicht leiden kann.*

227 Martin Luther: Fabeln und Sprichwörter, Hrsg. von Reinhard Dithmar, Insel Verlag Frankfurt am Main und Leipzig, 2. Auflage 2016, 68. Spruch, S. 181

18. *Willst du Mörder und Totschläger in Brot setzen, so beschließe gesetzgebend die Todesstrafe. Willst du die Henker auch in Arbeit setzen und gut beschäftigen, so sieh zu, dass die Todesstrafe vollstreckt werde!*

Albert Camus, Träger des Nobel-Gedenkpreises für Literatur des Jahres 1957, unterstreicht in seinem Essay wider die Todesstrafe („Die Guillotine", veröffentlicht in der Sammlung „Fragen der Zeit") *die einzige unbestreitbare Solidarität der Menschen, die gemeinsame Front gegen den Tod*[228] und betont daselbst *die gegen den Tod geeinte Gemeinschaft der Menschen.*

Dieser Gedanke ist erfrischend und dient dem Gedenken an den Konfusius. Camus stellt fest: Es gibt Menschen, die auch ohne Bezahlung andere töten würden. Und die Vollstreckung der Todesstrafe sei zwingend verbunden mit *„der Erfüllung ihrer Berufung zum Totschläger.*[229]

19. *Bedränge deinen Gegner blindwütig mit Schlaghagel, dann kommt er nicht einmal zum Ausholen.*

Hier lernte Martin Luther, um seinerseits zu lehren: *Hüt dich wenn der blode kun wird.*[230] *(Hüte dich, wenn der Blöde auch noch kühn/frech/übermütig wird.)*

228 Albert Camus: Fragen der Zeit, übers. von Guido G. Meister, Rowohlt, Reinbek 1983, S. 130 (erstes Zitat) und S. 133 (zweites Zitat)– Andere, ebenfalls höchst erfrischende Argumente Camus' gegen die Todesstrafe sind die, dass ein Staat, der „Alkohol sät" sich über Tötungsdelikte „nicht wundern" sollte, ferner dass ihre Vollstreckung zwingend verbunden ist mit der Einrichtung eines Berufsangebotes für – mit entsprechenden Neigungen ausgestattete – Menschentöter.

229 A.a.O., S.110

230 Martin Luther: Fabeln und Sprichwörter, hrsg. von Reinhard Dithmar, Insel Verlag Frankfurt am Main und Leipzig, 2. Auflage 2016, 171. Spruch,

20. *Wo nichts brennt, da streue Feuer.*

21. *Überflügele deine Gegner, schwing dich am besten zu ihrem Anführer auf.*

Der Herausgeber möchte in diesem Zusammenhang auf die Geschichte der gewaltigen Moschee von Casablanca in Marokko hinweisen. Als erhöbe sie sich aus den Tiefen des Atlantischen Ozeans, so steht sie riesig an den Gestaden. Zur Zeit ihrer Eröffnung, 1989, war sie das größte Gotteshaus der Welt. Verantwortlich für ihre Errichtung sowie die dafür erforderlichen Sondersteuern und Zwangsspenden war König Hassan II., der mit der Einweihung seinen 60. Geburtstag krönte und durch die Einnahme der Vorreiterrolle in Glaubensfragen sämtliche islamistische Gegner im Lande gründlich zum Schweigen brachte.

22. *Sei recht unecht und künstlich und wirf genau das dem Widersacher vor.*

Oscar Wilde nimmt hierauf Bezug und fordert: *Erste Lebenspflicht ist, so künstlich zu ein wie möglich. Welches die zweite Pflicht ist, hat noch keiner entdeckt.*[231]

23. *Jeder eigene Schmerz lohnt sich für dich, solange dein Widersacher mehr leidet als du selbst.*

S. 184

231 Oscar Wilde: Phrases and Philosophies for the Use of the Young, in: Complete Works, p. 1244f, Harper Collins, London, 5th ed. 2003, p. 1244. Originaltext: *The first duty in life is to be as artificial as possible. What the second duty is no one has yet discovered.*

24. ***Verschossest du deinen letzten Pfeil, so wirf deinen Bogen hinterher.***

25. ***Willst du dir Verluste nicht zumuten, dann finde dein Heil in der Hoffnung.***

26. ***Der Streit endet erst dann, wenn dein Widersacher nicht mehr kann.***

27. ***Wer zuerst, mehr und/oder schneller redet, hat recht.***

28. ***Wenn du nicht überzeugen kannst, dann kannst du immer noch Verwirrung stiften. Und hast du erfolgreich zur Genüge Verwirrung gestiftet, dann hast du schließlich doch noch überzeugt!***

29. ***Wer mehr Verwirrung stiftet, als der andere aufklären kann, dem ist kein Sieg zu nehmen.***

Als absolute Meisterschülerin des Konfusius hat Kellyanne Conway zu gelten, Mitarbeiterin des einstigen US-Präsidenten Donald Trump. Dieser ist seinerseits als ein genialer Konfusianer anzusehen. Conway schuf zu Beginn von Trumps Amtszeit bekanntlich den Begriff **„alternative facts“** (am besten zu übersetzen mit Wahlwahrheit oder wahlweise Wahrheitsauswahl). Damit wollte sie den Widerspruch auflösen zwischen Fotos (offensichtlich weit mehr Zuschauer bei Barack Obamas Amtseinführung als bei der von Trump) und Trumps Behauptung (größte Zuschauermenge aller Zeiten bei seiner eigenen Amtseinführung).

30. *Überziehe deinen Widersacher schneller mit endlosem Redeschwall, als er ihnen folgen oder sie gar widerlegen kann.*

Nur halb im Scherz berät Arthur Schopenhauer den Dampf- und Kampfredner für den Umgang mit dem Gegner: *Ein unverschämter Streich ist es, wenn man nach mehreren Fragen, die er beantwortet hat, ohne daß die Antworten zu Gunsten des Schlusses, den wir beabsichtigen, ausgefallen wären, nun den Schlußsatz, den man dadurch herbeiführen will, obgleich er gar nicht daraus folgt, dennoch als dadurch bewiesen aufstellt und triumphierend ausschreit.*[232]

31. *Nimm das Wort des Gegners, verdrehe es und schlag es ihm vor möglichst vielen Zuhörern fest um seine Ohren.*

Wunderschön greift diesen Sinspruch des Konfusius erneut Schopenhauer auf: *Die Konsequenzenmacherei. Man erzwingt aus dem Satz des Gegners durch falsche Folgerungen und Verdrehungen der Begriffe Sätze, die nicht darin liegen und die nicht die Meinung des Gegners sind, hingegen absurd oder gefährlich sind.*[233] Besonders schön könne das glücken, *wenn Gelehrte vor ungelehrten Zuhörern streiten.*

32. *Wer reichlich Dreck wirft, der trifft auch ohne zu zielen.*

Kein geringerer als Theodor Storm verwertet kraftvoll dieses deftig veranschaulichende Bild des Konfusius, als er den Streit zwischen

232 Arthur Schopenhauer: Die Kunst, Recht zu behalten, Nikol, Hamburg, 14. Auflage 2018, S. 51 (14. Kunstgriff) Der Nachsatz gehört zum 28. Kunstgriff (S. 66).

233 A.a.O., S. 61 (24. Kunstgriff)

dem Deichgrafen Hauke Haien und dessen altem Feind Ole Peters zuspitzt. Dieser wirft jenem öffentlich vor, eine zuvor von ihm billig gekaufte Wiese von der Gemeinschaft eindeichen gelassen und somit auf Kosten der anderen aufgewertet zu haben, um sie dann für seine Schafe zu nutzen. *Es war nach diesen Worten einen Augenblick totenstill in der Versammlung. Der Deichgraf stand auf dem Tisch, auf dem er zuvor seine Papiere ausgebreitet hatte; er hob seinen Kopf und sah nach Ole Peters hinüber: „Du weißt wohl, Ole Peters", sprach er, „dass du mich verleumdest; du tust es dennoch, weil du überdies auch weißt, dass doch ein gut Teil des Schmutzes, womit du mich bewirfst, an mir wird hängen bleiben!' Die Wahrheit ist, dass du deine Anteile los sein wolltest, und dass ich ihrer einst für meine Schafzucht bedurfte."*[234]

Sogar Luther wirkt angesichts der Unwahrheit hilflos: *Ein offenbar lugen ist keiner antwort werd.*[235]

33. Im Glauben der anderen an deine Worte und somit an dich, darin liegt dein Erfolg!

34. Wen faulige Dünste (Gerüchte) umwehen, der muss nicht erst aus sich selbst heraus faulen, um als Stinker zu gelten.

Dies ist einer der bildgewaltigsten Sprüche der Weltgeschichte über Verleumdung. Marie von Ebner-Eschenbach macht folgende Aphorismen daraus: *Sich von einem falschen Verdacht reinigen wollen ist entweder überflüssig oder vergeblich.*[236] Und: *Suche nie dich von*

234 Theodor Storm: Der Schimmelreiter – Eine Novelle, Anaconda (Penguin Random House), München 2022, S. 93

235 Martin Luther: Fabeln und Sprichwörter, Hrsg. von Reinhard Dithmar, Insel Verlag Frankfurt am Main und Leipzig, 2. Auflage 2016, 28. Spruch, S. 179

236 Marie von Ebner-Eschenbach: Aphorismen, Reclam, Stuttgart 1988 und 2022, S. 97

einem unbegründeten Verdacht zu reinigen; es ist entweder überflüssig oder vergeblich.[237]

35. ***Wer am lautesten schreit, der kriegt am meisten.***

36. ***Hat etwas seinen Preis, so nimm es und lass andere dafür zahlen.***[238]

37. ***Deins ist meins, – und meins ist auch meins.***[239]

38. ***Dein seien auf immer alle Deutungshoheit, jede Richtlinienkompetenz und das Recht auf Zuständigkeitszuweisung!***

39. ***Wer zuletzt redet, behält recht. Überlebende machen Geschichte(n)! Darum überlebe deine Feinde um jeden Preis, damit nicht sie deinen, wohl aber du ihren Nachruhm schmälern kannst.***

Winston Churchill gilt als Urheber der Weisheit: *Geschichte wird von den Siegern geschrieben.*[240] Wie viel lernte er doch von dem Konfusius.

---

237 A.a.O., S. 115

238 Dieser Spruch liefert den Beweis dafür, dass der Konfusius der Erfinder zumindest des angewandten Sozialismus ist, wenn nicht des Sozialismus überhaupt.

239 Dieser Spruch liefert den Beweis dafür, dass der Konfusius der Erfinder zumindest des angewandten Kommunismus ist, wenn nicht des Kommunismus überhaupt.

240 Paige, Simon: The Very Best of Winston Churchill – Quotes from a British Legend, Amazon Fulfillment 2014, p. 17. Original: *History is written by the victors.*

Auch Ludwig Daniel Jassoy weiß: *Wer bei dem großen Haufen Recht behalten will, darf sich nur das letzte Wort nicht nehmen lassen.*[241]

40. *Wer bereit ist zum Töten, der muss auch bereit sein zum Sterben.*

241 Ludwig Daniel Jassoy: Man muß ernstlich wissen, was man will, ehe man thun kann, was man soll. – Aphorismen aus Welt und Zeit (1815-1928), ausgewählt von Dirk Sangmeister, Lumpeter & Lasel, Eutin, 2. Auflage 2009, S. 8

XI. Heil und Gesundheit

1. ***Wenn alle Stricke reißen, kann man sich aufhängen.***

2. ***Lass das Kleine klein und nur das Große groß sein!***

Den Einfluss des Konfusius merkt man den Zeilen der Pfarrersfrau und Dichterin Marie Schmalenbach (1835-1924) an. Sie verfasste das Kirchenlied „Brich herein, süßer Schein". Dort zeigt sich, kam zu erkennen zwischen Weihe und Schwulst, die obige, wundervoll klar formulierte und obendrein einen Reim bildende Weisheit des Konfusius. Im Evangelischen Gesangbuch stehen unter der Nr. 572, 4. Strophe, folgende Zeilen.

Ewigkeit in die Zeit leuchte hell hinein,
daß uns werde klein das Kleine
und das Große groß erscheine,
sel'ge Ewigkeit.

3. ***Wenn du solch ein Versager bist und ohne Verstand, wie kommt es dann, dass dir deine ständige Selbsterniedrigung so wichtig ist?***

4. ***Lass dein Selbstlob widerschallen, aber Selbstschelte verhallen.***

Tatsächlich gelingt es Friedrich Nietzsche mit dem Hinweis auf einen inneren Widerspruch in jedem Selbstzweifel etwas Bereicherndes und Wohltuendes zu sagen und den beiden letzten Gedanken des

Konfusius zusätzliche Schärfe zu verleihen: *Wer sich selbst verachtet, achtet sich doch immer noch dabei als Verächter.*[242]

5. *Menschenkenntnis mag entlarven, aber sie schenkt Ruhe.*

Marie von Ebner-Eschenbach sieht das ähnlich: *Einen Menschen kennen, heißt ihn lieben oder ihn bedauern*[243]. Ernst Hohenemser hat eigene, hochabstrakte Worte: *Verstehen heißt entzaubern.*[244]

6. *Mach doch einfach genau das, was du willst.*

So einfach kann Selbstfürsorge sein. Ernst Hohenemser pflichtet dem Konfusius bei: *Egoisten pflegen nicht selbstsüchtiger, sondern ehrlicher zu sein als andere Leute.* Und: *Ich schätze die harmlosen Egoisten, die für sich selbst sorgen und niemandem zur Last fallen.*[245]

7. *Wer nicht will und tut, was du willst, der hat als selbstsüchtig zu gelten!*

Oscar Wilde erkannte auf der Grundlage dieses Sinnspruches das Wesen wahrer Selbstsucht:

Ein Mensch kann selbstsüchtig genannt werden, wenn er auf eine Weise lebt, welche ihm am angemessensten erscheint für die Verwirkli-

---

242 Friedrich Nietzsche: Jenseits von Gut und Böse, Viertes Hauptstück, Sprüche und Zwischenspiele, Spruch 78, Band 5 der Kritischen Studienausgabe in 15 Bänden, hrsg. von Giorgio Colli und Mazzino Montinari, de Gruyter, Berlin 1967ff, Neuausgabe dtv Verlagsgesellschaft, München, 18. Auflage 2022, S. 87

243 Marie von Ebner-Eschenbach: Aphorismen, Reclam, Stuttgart 1988 und 2022, S. 76

244 Ernst Hohenemser: Aphorismen, Hirth, München 1918, Nr. 890 (S. 176) . Neuausgabe von Ernst Hohenemser: Aphorismen, Lulu, o.O. 2022, S. 117

245 A.a.O., Nr. 699f (1918, S. 142 bzw. 2022, S. 93)

chung seiner Selbstentfaltung. Doch dies ist die Weise, auf die eigentlich jeder leben sollte. Selbstsucht ist also nicht das Leben entsprechend den eigenen diesbezüglichen Wünschen, sondern besteht darin, andere aufzufordern so zu leben, wie man selbst leben will. Und Zurückhaltung bedeutet, sich aus der Lebensgestaltung anderer herauszuhalten, ihnen nicht hineinzureden. Selbstsucht zielt immer darauf ab, um sich herum eine grundlegende Einförmigkeit zu verbreiten. Zurückhaltung erkennt unendliche Vielfalt als erfreulich, anerkennt sie, nimmt sie an, erfreut sich an ihr. Es ist nicht selbstsüchtig, selbständig zu denken. Und wer nicht selbst denkt, der denkt überhaupt nicht. Es ist grob selbstsüchtig, von seinem Nachbarn zu verlangen, er solle leben wie man selbst und dieselben Meinungen vertreten..[246]

So klar Oskar Wilde die Sache auch beschreibt, Ernst Hohenemser spitzt noch weiter zu: *Treue ist die moralische Forderung, die der Egoismus an den Egoismus seiner Nebenmenschen stellt, sich zu seinen Gunsten aufzuheben.*[247] Er ergänzt: *Treue zu erweisen sind nur edle Menschen fähig. Treue anzunehmen ist eine Schwäche, verzeihlich nur bei Gegenseitigkeit. Treue ohne Gegenleistung zu fordern, ist fast eine Niedertracht, deren nur regierende Fürsten oder Verliebte fähig sind.*

246 Oscar Wilde: The Soul of Man under Socialism, in: Complete Works, p. 1174-1197, Harper Collins, London, 5th ed. 2003, p. 1194f, Originaltext: *Or a man is called selfish if he lives in the manner that seems to him suitable for the full realization of his own personality; if, in fact, the primary aim of his life is self-development. But this is the way in which everybody should live. Selfishness is not living as one wishes to live, it is asking others to live as one wishes to live. And unselfishness is letting other people's lives alone, not interfering with them. Selfishness always aims at creating around it an absolute uniformity of type. Unselfishness recognizes infinite variety of type as a delightful thing, accepts it, acquiesces in it, enjoys it. It is not selfish to think for oneself. A man that does not think for himself does not think at all. It is grossly selfish to require of one's neighbour that he should live in the same way, and hold the same opinions.*

247 Ernst Hohenemser: Aphorismen, Hirth, München 1918, Aphorismus Nr. 230, S. 50. Der folgende Aphorismus folgt auch bei Hohenemser unmittelbar (Nr. 231, S. 50). . Neuausgabe von Ernst Hohenemser: Aphorismen, Lulu, o.O. 2022, S. 33

8. *Liebe reichlich dich selbst, dann bleibst du unabhängig.*

Georg Christoph Lichtenberg teilt diese Ansicht: *Wer in sich selbst verliebt ist, hat wenigstens bei seiner Liebe den Vorteil, daß er nicht viele Nebenbuhler erhalten wird.*[248]

248 Georg Christoph Lichtenberg: Schriften und Briefe, Zweiter Band, Sudelbücher II, Carl Hanser Verlag, München 1971, S. 182 (Heft H, Nr. 31)

XII. Sinnbilder und Fabeln[249]

1. *Wer sich zum Schaf macht, den jagen die Wölfe.*

Martin Luther[250] gilt als Urheber des Sinnspruches *Wer fleucht den iagt man.* Wer der Urheber des zugrundeliegenden Gedankens ist, das ist oben ersichtlich.

2. *Wenn du dich umschaust wie ein hungriger Wolf, verraten sich die Schafe – jedoch auch die Bären.*

3. *Jede Herde benötigt unbedingt ein schwarzes Schaf, und es gibt genug Pech, Teer und Kohle, um solche zu machen!*

4. *Der gemästete Tiger ist an üppigen Überschwang gewöhnt und somit auf Dauer gebändigt.*

Hier wird ersichtlich, dass auch Dschuang Dsi, der Meisterschüler des Laotse, sich vor zweitausend Jahren bei dem Konfusius bediente: In seinen Ausführungen über die *Fürstenerziehung* greift Dschuang Dsi zu dem interessanten Vergleich zwischen einem hochwohlgeborenen Zögling und der Raubkatze: Tiere solle man, um sie nicht

249 Lange vor dem großartigen Äsop entwickelte der Konfusius bereits die Erzählform der Fabel. Nicht einmal in der äußerst empfehlenswerten Veröffentlichung „Schlaglichter" von Annette und Bernhard Mentzel, Shaker, Düren 2023, findet der Konfusius Erwähnung.

250 Martin Luther: Fabeln und Sprichwörter, hrsg. von Reinhard Dithmar, Insel Verlag Frankfurt am Main und Leipzig, 2. Auflage 2016, 47. Spruch, S. 180

zum Töten zu reizen, nie mit lebenden Tieren füttern. Auch solle man sie rechtzeitig füttern, *um zum voraus ihrer Wut zu begegnen.*[251]

5. ***Das Mauswiesel frisst die Maus nicht nur und nimmt ihr den Bau, sondern es polstert sein neu gewonnenes Schlafabteil auch noch mit Haar aus dem Mausefell und nutzt den Körnervorrat der erbeuteten Maus, um weitere Beute anzulocken.***

Wir sehen, auf wen die Erzählgattung der Fabel zurückgeht: Das Wiesel des Konfusius erkennen wir, seiner Prägnanz leider etwas beraubt, in einer im äsopischen Stil verfassten Fabel des Phaedrus[252] wieder:

Das Wiesel und der Mensch

Das Wiesel war gefangen. Den Tod vor Augen, will es retten sich und spricht zum Menschen: „Schone mich! Ich säubre ja dein Haus von läst'gen Mäusen." Antwortet jener: „Tätst du das um meinetwillen, so wär's mir lieb und bliebe dir der Tod erspart. Indes, es geht dir nur darum, der Mäuse Krumen und die Mäuse obendrein noch selber zu verzehren. Drum red mir nicht von Wohltat, die's nicht gibt!"

Mit solchen Worten schickt' das böse Tier er in den Tod.

Auf sich beziehen soll diese Fabel, wer nur auf seinen eignen Nutzen ist bedacht und unverschämt mit ungetanen Taten prahlt.

Außerdem erkennen wir unschwer, wem sich das Sprichwort verdankt: *Des einen Freud ist des anderen Leid!*

251 Dschuang Dsi: Das wahre Buch vom südlichen Blütenland, übers. von Richard Wilhelm, Diederichs, Köln 1969 (Kassettenausgabe 1982), S. 67

252 Johannes Irmscher (Hrsg.): Sämtliche Fabeln der Antike, Anaconda Verlag, Köln 2011; Lizenzausgabe des Werkes „Antike Fabeln", aus dem Griechischen und Lateinischen übersetzt, herausgegeben, mit Einleitung und Anmerkungen versehen von Johannes Irmscher, Aufbau Verlag, Berlin 1978 und 2008, S. 175

6. ***Der schlaue Wolf spielt Schäferhund.***

7. ***Da kommt 'ne Hornisse! Weg isse.***

Dieser kleine Schüttelreim ist mitnichten so dumm, wie er scheint. Der Konfusius zeigt uns erstaunlich knapp und zugleich fabelhaft anschaulich, wie schnell leere Aufregung entsteht und mit wie wenig Grund.

8. ***Die dümmsten Schafe sind die reißendsten Wölfe.***

Wenig Mühe gab sich beim Abschreiben dieser Stelle Friedrich Hebbel: *Die dümmsten Schafe sind immer zugleich die reißendsten Wölfe.*[253]

9. ***Bevor die Kuckuckshummel ihre Eier in die Brut-Tönnchen der Erdhummeln legt, verspeist sie Eier von deren Königin.***

10. ***Ein Bär täuscht nicht, aber er lässt sich auch niemals mit Finten täuschen.***

Wir kennen den Bericht des Heinrich von Kleist[254]: Ein Jüngling bemerkt, dass er unbewusst die Haltung einer bekannten Statue eingenommen hat und spricht seinen Begleiter darauf an. Dieser jedoch hat vor, *seiner Eitelkeit ein wenig heilsam zu begegnen* und streitet jede Ähnlichkeit ab. Der Junge versucht dann, *dieselbe Bewegung wieder hervorzubringen*, was auf von Mal zu Mal lächerlichere Weise

253 Friedrich Hebbel: Werke in fünf Bänden, hrsg. von Gerhard Fricke et al., München Hanser 1966, 4. Band (Tagebücher I), S. 154

254 Heinrich von Kleist: Über das Marionettentheater, in: Sämtliche Werke und Briefe, hg. von Helmut Sembdner, Zweibändige Ausgabe in einem Band, dtv, München, 3. Auflage 2013, S. 338-345, S. 345

misslingt. Vollkommen anders erscheint dagegen die natürliche Fähigkeit eines Bären im Umgang mit einem menschlichen Herausforderer: *Nicht bloß, daß der Bär, wie der erste Fechter der Welt, alle meine Stöße parierte; auf Finten (was ihm kein Fechter der Welt nachmacht) ging er gar nicht einmal ein: Aug' in Auge, als ob er meine Seele darin lesen könnte, stand er, die Tatze schlagfertig erhoben, und wenn meine Stöße nicht ernsthaft gemeint waren, so rührte er sich nicht.*

11. Die Ameise, welche sich im Sommer abarbeitet, erlebt den Herbst nicht mehr.

12. Der ordentlich fortdauernde Staat in seinem Zusammenspiel ist unermesslich viel mehr als ein Gewimmel von unverständigen Ameisen.

Der Konfusius beweist uns an dieser Stelle, dass er den Aufwand erkennt des Schaffens oder Erhaltens von Ordnung. Auch entwirft er beiläufig eine Darstellung von Zerstörung und Zerfall und gibt sich als Urvater der Chaos-Theorie zu erkennen. Große Denker eifern ihm nach:

Gregory David Roberts unternimmt einen Versuch zur Unterscheidung von Gut und Böse. Demnach ist schlecht oder böse, was Zusammenhänge auflöst, gut dagegen, was ein Zusammenspiel erhält oder die Fügungsdichte der Welt erhöht: *Gut, die endgültige oder ultimative Komplexität – die Stelle, auf welche dieser gesamte Prozess ausgerichtet ist – nennen wir Gott.* [255]

255 Gregory David Roberts: Shantaram, übers. v. Almut Werner und Sibylle Schmidt, Goldmann, München, 2008, Kapitel 33, S. 832

Der besagte Gedanke knüpft sehr schön an die dem Aristoteles (und leider nicht dem Konfusius) zugeschriebene Weisheit an: *Das Ganze ist mehr als die Summe seiner Teile.*[256]

Leonardo da Vinci greift den in den letzten Worten anklingenden Ansatz auf: *Jeder Teil eines Dings enthält etwas von der Natur des Ganzen.*[257]

13. Der Wisentbulle fühlte sich den Wölfen gewachsen und erwartete nicht, dass ein Teil des Rudels sich versteckt gehalten hatte.

14. Wer sich zum Schaf macht, den fressen die Wölfe. Das gilt auch erweitert: Denn wen du zum Schaf machst, den fressen die Wölfe ebenfalls.

Der Volksmund plappert zwar den ersten Sinnabschnitt tüchtig nach, verschluckt jedoch leider den nicht weniger ergiebigen zweiten!

15. Wenn man's nicht denkt, dann springt der Hase auf!

Der Gehalt dieser Fabel gewinnt nichts durch die umständliche Aufbereitung bei Dschuang Dsi (wahlweise Tschunang-Tse). Er lässt *Scharfblick* und *Denken* an der Aufgabe scheitern, dem sie ausschickenden Herrn der Gelben Erde dessen beim Wandeln jenseits

256 Aristoteles: Metaphysik VII, 17, 1041b, ursprünglich: *Das, was aus Bestandteilen so zusammengesetzt ist, daß es ein einheitliches Ganzes bildet – nicht nach Art des Haufens, sondern wie eine Silbe – , das ist offenbar mehr als bloß die Summe seiner Bestandteile. Eine Silbe ist nicht die Summe ihrer Laute: ba ist nicht dasselbe wie b plus a ...*".

257 Leonardo da Vinci: Jede Erkenntnis beginnt mit den Sinnen – Die Aphorismen, Rätsel und Prophezeiungen, ausgewählt und übersetzt von Marianne Schneider, Schirmer/Mosel, München 2012, S. 19, zitiert nach Leonardos Codex Atlanticus I90R

der Grenzen der Welt verlorene Zauberperle wiederzufinden. Erst *Selbstvergessen* hat Erfolg.[258]

16. *Zu ihrem Unglück wachsen der Ameise Flügel.*

17. *Weit über ihren Tod hinaus wirkt das Gift der Schlange.*

Max Rychner schreibt: *Das Gift der toten Schlange lebt.*[259] Wir schlagen ein Verständnis dieses Spruches als Gleichnis auf: Der Verrat überlebt mitunter seinen Urheber.

18. *Die kräftigen Flammen verschaffen sich ihre Nahrung selbst. Und genau so ist es mit allen – übrigens wiederum auch miteinander verbundenen – Ketten lebendiger Wesen und dem Leben selbst.*

Man sagt von der Natur und ihrem Vermögen in organisierten Produkten bei weitem zu wenig, wenn man dieses ein Analogon der Kunst *nennt; denn da denkt man sich den Künstler (ein vernünftiges Wesen) außer ihr. Sie organisiert sich vielmehr selbst, und in jeder Spezies ihrer organisierten Produkte, zwar nach einerlei Exemplar im Ganzen, aber doch auch mit schicklichen Abweichungen, die die Selbsterhaltung nach den Umständen erfordert. Näher tritt man vielleicht dieser unerforschlichen Eigenschaft, wenn man sie ein* Analogon des Lebens *nennt…Genau zu reden hat also*

258 Dschuang Dsi: Das wahre Buch vom südlichen Blütenland, übers. von Richard Wilhelm, Diederichs, Köln 1969 (Kassettenausgabe 1982), S. 131 (Geschichte Nr. 4, *Die Zauberperle,* in Buch XXII, *Himmel und Erde).* In der sehr schönen Manesse-Ausgabe von Richard Wilhelms Freund Martin Buber ist von *Erkenntnis, Klarsicht* und *Absichtslos* die Rede (Tschuang-Tse: Reden und Gleichnisse, hrsg. von Martin Buber, Manesse, Zürich 1951, S. 97

259 Max Rychner: Lavinia oder Die Suche nach Worten – Aphorismen, Erato-Presse (Agora Verlag), Darmstadt 1962, S. 34

die Organisation der Natur nichts Analogisches mit irgendeiner Kausalität, die wir kennen. Das schreibt Immanuel Kant[260] und gilt daher als der Entdecker der Selbstorganisation.

260 Immanuel Kant: Kritik der Urteilskraft, hrsg. von Gerhard Lehmann, Reclam, Stuttgart 2022, Zweiter, Analytik der teleologischen Urteilskraft, Teil, I. Abteilung, §65 [B293f], S.341

Literaturverzeichnis:

Akutagawa, Ryunosuke: Rashomon – Erzählungen, übers. von Jürgen Berndt, Sammlung Luchterhand bei Random House, 5. Auflage 1991

Aurel: siehe Marc Aurel

Aristoteles: Metaphysik, übers. von Hermann Bonitz, hrsg. von Horst Seidl, Erster Halbband, Bücher I – VI, Meiner, Hamburg 1978

Aristoteles: Metaphysik, übers. von Hermann Bonitz, hrsg. von Horst Seidl, Zweiter Halbband, Bücher VII – XIV, Meiner, Hamburg 1978

Assmann, Jan: Achsenzeit – Eine Archäologie der Moderne, Beck, München, 2. Auflage 2019

Bandura, Albert: Self-Efficacy – The Exercise of Control, Freeman, New York 1997

Bausch, Joe: Knast, Ullstein, Berlin, 11. Auflage 2019

Die Bibel oder Die ganze Heilige Schrift des Alten und Neuen Testaments nach der deutschen Übersetzung Dr. Martin Luthers, Fassung von 1912, Anaconda (Penguin Random House), München 2016

Blech, Jörg: Leben auf dem Menschen – Die Geschichte unserer Besiedler, Rowohlt, Reinbek 2000

Bon, Gustave Le: siehe Le Bon, Gustave

Börne, Ludwig: Sämtliche Schriften in fünf Bänden, hrsg. von Inge und Peter Rippmann, Melzer, Dreiech 1977, 1. Band

Broszat, Martin (Hrsg.): Kommandant in Auschwitz, Autobiographische Aufzeichnungen des Rudolf Höß, Deutscher Taschenbuch Verlag, München, 16. Auflage 1998

Camus, Albert: Fragen der Zeit, übers. von Guido G. Meister, Rowohlt, Reinbek 1983

Carnegie, Dale: Sorge dich nicht – lebe! – Die Kunst, zu einem von Ängsten und Aufregungen befreiten Leben zu finden, übers. von Ursula Gail, Knaur, München 2001, Originaltitel: *How to Stop Worrying and Start Living*

Corvin, Otto von: Pfaffenspiegel, tredition GmbH Hamburg, o.J

Diels, Hermann: Die Fragmente der Vorsokratiker, Band I, hrsg. von Walter Kranz, Weidmann, Dublin, 14. Auflage 1969

Diels-Kranz: siehe Diels, Hermann

Dschuang Dsi: Das wahre Buch vom südlichen Blütenland, übers. und erläutert von Richard Wilhelm, Diederichs, Köln 1969 (Kassettenausgabe 1982)

Tschuang-Tse: Reden und Gleichnisse, hrsg. von Martin Buber, Manesse, Zürich 1951

von Ebner-Eschenbach, Marie: Aphorismen, Reclam, Stuttgart 1988 und 2022

Eckehart (Meister Eckehart). Deutsche Predigten und Traktate, hrsg. von Josef Quint, Diogenes, Zürich 1979

de Saint-Exupéry, Antoine: Der Kleine Prinz, mit den Zeichnungen des Verfassers, übers. von Marion Herbert, Anaconda, Köln, 2015

Feuchtersleben, Ernst von: Sämtliche Werke und Briefe. Kritische Ausgabe, hrsg. von Herbert Seidler und Hedwig Heger, Wien 1989 (Band 3) bzw. 1990 (Band 4)

Feuchtwanger, Lion: Die Geschwister Oppermann, atb, Berlin, 14. Auflage 2020

Frankl, Viktor E.: Der Mensch vor der Frage nach dem Sinn (Text: „Ärztliche Seelsorge" von 1946), Piper, München, 17. Auflage 2004

Freud, Sigmund: Der Mann Moses und die monotheistische Religion – Schriften über die Religion, Fischer Taschenbuch Verlag, Frankfurt am Main 1981

Freud, Sigmund: Totem und Tabu – Einige Übereinstimmungen im Seelenleben der Wilden und der Neurotiker, Fischer Taschenbuch Verlag, Frankfurt am Main 1984

Frisch, Max: Entwürfe zu einem dritten Tagebuch, Suhrkamp, Verlag Berlin 2010

Goethe, Johann Wolfgang von: Faust – Der Tragödie Erster Teil, Reclam, Stuttgart 2000

Goethe, Johann Wolfgang von: Das Märchen, in: Novelle – Das Märchen, Reclam, Stuttgart 2021

Goethe, Johann Wolfgang von: Maximen und Reflexionen, Reclam, Stuttgart 2021

Goethe, Johann Wolfgang von: Wilhelm Meisters Lehrjahre, Reclam, Stuttgart 1982

Grillparzer, Franz: Epigramme, Holzinger, Berlin 2013

Habermas, Jürgen: Erkenntnis und Interesse, suhrkamp taschenbuch wissenschaft, Frankfurt am Main 1973

Hagebutt, Hagen Waldemar: siehe Mentzel, Bernhard

Hagemann, Achim: Der Familie Popolski – Von gestohlenen Triumphen, historischen Momenten und polnischer Lebensfreude, Rowohlt, Reinbek 2014

Hebbel, Friedrich: Werke in fünf Bänden, 4. Band (Tagebücher I), hrsg. von Gerhard Fricke et al., München Hanser 1966

Heine, Heinrich: Deutschland. Ein Wintermärchen, Anaconda, Köln 2005

Hobbes, Thomas: Leviathan, übers. von Jacob Peter Mayer, Reclam, Stuttgart 1970

Hölderlin, Friedrich: Urtheil und Seyn (1795), Große Stuttgarter Ausgabe (Hrsg. v. Friedrich Beissner, 1961, zitiert nach: Manfred Frank (Hrsg.): Selbstbewußtseinstheorien von Fichte bis Sartre, Suhrkamp, Frankfurt am Main 1991

Hohenemser, Ernst: Aphorismen, Hirth, München 1918

Heute problemlos erhältlich ist der Druck von Ernst Hohenemser: Aphorismen, Lulu, o.O. 2022.

Holzer, Rainer: Konfuzianismus, in: Goepper, Roger (Hrsg.): Das alte China, Bertelsmann, München 1988, S. 197-200

Horváth, Ödön von: Zur schönen Aussicht, Gesammelte Werke 1, Suhrkamp, Frankfurt am Main 1985

Irmscher, Johannes (Hrsg.): Sämtliche Fabeln der Antike, Anaconda Verlag, Köln 2011; Lizenzausgabe des Werkes „Antike Fabeln", aus dem Griechischen und Lateinischen übersetzt, herausgegeben mit Einleitung und Anmerkungen versehen von Johannes Irmscher, Aufbau Verlag, Berlin 1978 und 2008

Jaspers, Karl: Die maßgebenden Menschen – Sokrates, Buddha, Konfuzius, Jesus, Piper Taschenbuch, München 1964

Jaspers, Karl: Vom Ursprung und Ziel der Geschichte, Piper, München 1949

Jassoy, Ludwig Daniel: Man muß ernstlich wissen, was man will, ehe man thun kann, was man soll. – Aphorismen aus Welt und Zeit (1815-1928), ausgewählt von Dirk Sangmeister, Lumpeter & Lasel, Eutin, 2. Auflage 2009

Jung, Carl Gustav: Bewußtes und Unbewußtes, Fischer, Frankfurt am Main 1957

Kafka, Franz: Der Prozeß, Fischer Taschenbuchverlag, Frankfurt am Main 1983

Kant, Immanuel: Kritik der praktischen Vernunft, hrsg. von Joachim Kopper, Reclam, Stuttgart 2022

Kant, Immanuel: Kritik der Urteilskraft, hrsg. von Gerhard Lehmann, Reclam, Stuttgart 2022

Katzenberger, Daniela, Sei schlau und stell dich dumm, Bastei Lübbe, Köln, 9. Auflage 2012

von Kleist, Heinrich: Über das Marionettentheater, in: Sämtliche Werke und Briefe, hrsg. von Helmut Sembdner, Zweibändige Ausgabe in einem Band, dtv, München, 3. Auflage 2013, S. 338-345

von Kleist, Heinrich: Über die allmähliche Verfertigung der Gedanken beim Reden, in: Sämtliche Werke und Briefe, hrsg. von Helmut Sembdner, Zweibändige Ausgabe in einem Band, dtv, München, 3. Auflage 2013, S. 319-324

Kraus, Karl: Aphorismen, hrsg. von Christian Wagenknecht, Suhrkamp, Frankfurt am Main 1986

Kungfutse: Gespräche – Lün Yu, übers. und hrsg. von Richard Wilhelm, Diederichs, Köln 1955 (Kassettenausgabe 1982)

Laotse: Tao Te King – Das Buch vom Sinn und Leben, übersetzt und mit einem Kommentar versehen von Richard Wilhelm, Eugen Diederichs Verlag, Köln 1978 (Kassettenausgabe 1982)

Le Bon, Gustave: Psychologie der Massen, übers. von Rudolf Eisler (1911), Nikol Verlag, Hamburg, 7. Auflage 2021

Leibniz, Gottfried Wilhelm: Hauptschriften zur Grundlegung der Philosophie, Band I, hrsg. von Artur Buchenau und Ernst Cassirer, Meiner, Leipzig, 2. Auflage 1924

Leonardo: siehe Vinci, Leonardo da

Lersch, Philipp: Aufbau der Person, Barth, München, 10. Auflage 1966

Lewis, Sinclair: Das ist bei uns nicht möglich, übers. von Hans Meisel, Aufbau Verlag, Berlin 2017

Lichtenberg, Georg Christoph: Schriften und Briefe, Erster Band, Sudelbücher, Carl Hanser Verlag, München 1968

Derselbe: Schriften und Briefe, Zweiter Band, Sudelbücher II, Carl Hanser Verlag, München 1971

Locke, John: An Essay Concerning Human Understanding, Buch II, Kapital XXVII, hrsg. von J. W. Yolton, Dent, London, 4. Auflage 1967

Luther, Martin: Fabeln und Sprichwörter, hrsg. von Reinhard Dithmar, Insel Verlag Frankfurt am Main und Leipzig, 2. Auflage 2016, 4. Spruch, S. 179

Machiavelli, Niccolò: Vom Staate – Der Fürst – Kleine Schriften, Nikol Verlagsgesellschaft, Hamburg 2022

Manderath, Manni: Ey, do Jeck! Tumma tun! – Unaussprechliche Aussprüche von diesseits und jenseits der Ekelschwelle, Lümmelümm, Köln 2002

Mann, Thomas: Deutsche Hörer! Radiosendungen nach Deutschland aus den Jahren 1940 – 1945, Fischer Taschenbuch Verlag, Frankfurt am Main, 5. Auflage 2013

Marc Aurel: Selbstbetrachtungen, übers. von Albert Wittstock, Reclam, Stuttgart 1949

Meister Eckehart: siehe Eckehart

Mentzel, Annette (Zeichnungen) und Bernhard (Text): Schlaglichter, Shaker, Düren 2023

Mentzel, Bernhard (alias Hagen Waldemar Hagebutt): Die Sinnsprüche des Konfusius – Ein Wissensspiegel, Shaker, Düren 2023

Morgenstern, Christian: Alle Galgenlieder, Insel-Verlag/Anton Kippenberg, Leipzig, 9. Auflage 1965

Morgenthau, Christobald: Der Weisheit letzte Schüsse, Höllenflammen-Verlag, Berlin, 25. Auflage 2023

Musil, Robert: Der Mann ohne Eigenschaften, Band 1, Erstes Buch, Rowohlt, Reinbek 1987

Musil, Robert: Drei Frauen, Rowohlt, Hamburg 1952

Nietzsche, Friedrich: Also sprach Zarathustra, Band 4 der Kritischen Studienausgabe in 15 Bänden, hrsg. von Giorgio Colli und Mazzino Montinari, de Gruyter, Berlin 1967ff, Neuausgabe dtv Verlagsgesellschaft, München, 19. Auflage 2021

Nietzsche, Friedich: Jenseits von Gut und Böse, Band 5 der Kritischen Studienausgabe in 15 Bänden, hrsg. von Giorgio Colli und Mazzino Montinari, de Gruyter, Berlin 1967ff, Neuausgabe dtv Verlagsgesellschaft, München, 18. Auflage 2022

Nietzsche, Friedrich: Menschliches, Allzumenschliches, Band 2 der Kritischen Studienausgabe in 15 Bänden, hrsg. von

Giorgio Colli und Mazzino Montinari, de Gruyter, Berlin 1967ff, Neuausgabe dtv Verlagsgesellschaft, München, 3. Auflage 2005

Orwell, George: 1984 – Roman, übers. von Michael Walter, Ullstein, Berlin, 43. Auflage 2017

Paige, Simon: The Very Best of Winston Churchill – Quotes from a British Legend, Amazon Fulfillment 2014

Phaedrus: siehe Irmscher, Johannes

Platon: Apologie des Sokrates, Reclam, Stuttgart 1986, übers. und hrsg. von Manfred Fuhrmann

Quadbeck-Seeger, Hans-Jürgen: Im Labyrinth der Gedanken, Selbstverlag über Books on Demand, Norderstedt 2005

Walther Rathenau: Auf dem Fechtboden des Geistes – Aphorismen aus seinen Notizbüchern, hrsg. von Karl G. Walther, Verlag der Greif, Walther Gericke, Wiesbaden 1953

Roberts, Gregory David: Shantaram, übers. v. Almut Werner und Sibylle Schmidt, Goldmann, München, 2008

Roth, Joseph: Die Rebellion – Roman, Kiepenheuer & Witsch, Köln, 2. Auflage 2019

Rousseau, Jean-Jaques: „Emile, Livre sécond", in: Emile ou de l'éducation, Garnier, Paris 1961

Russell, Bertrand: The Triumph of Stupidity, in: Mortals and Others Vol.II, American Essays 1931-1935, Routledge, London/New York 1998

Rychner, Max: Lavinia oder Die Suche nach Worten – Aphorismen, Erato-Druck, Darmstadt 1962 (Agora Verlag, Berlin 1962)

Saint-Exupéry, Antoine de: siehe de Saint-Exupéry, Antoine

van Schaik, Carel, Michel, Kai: Die Wahrheit über Eva – Die Erfindung der Ungleichheit von Frauen und Männern, Rowohlt, Reinbek 2020

Schelling, Friedrich Wilhelm Johann: System des transzendentalen Idealismus, Meiner, Hamburg 1957

Schiller, Friedrich: Wilhelm Tell, Reclam, Stuttgart 1969
Schnitzler, Arthur: Aphorismen und Betrachtungen – Buch der Sprüche und Bedenken, Fischer Taschenbuch Verlag, Frankfurt am Main 1993
Schopenhauer, Arthur: Die Kunst, Recht zu behalten, Nikol, Hamburg, 14. Auflage 2018
Schopenhauer, Arthur: Die Welt als Wille und Vorstellung, Band II, Viertes Buch, Kapitel 41, „Über den Tod", in: Sämtliche Werke, Band II, Arbeitsgemeinschaft Cotta-Insel, Suhrkamp, Frankfurt am Main 1960 (Lizenznehmer: Nikol Verlag, Hamburg 2018)
Shakespeare, William: The Illustrated Stratford Shakespeare, Chancellor Press, London 1982
Derselbe: Sämtliche Werke in einem Band, übers. von August Wilhelm Schlegel et al., Löwit, Wiesbaden, ohne Jahresangabe
Shaw, Bernard: Everybody's Political – What's What?, Constable, London 1944
Shaw, Bernard: Handbuch des Revolutionärs, übers. von Annemarie und Heinrich Böll, Suhrkamp, Frankfurt am Main 1972
Shaw, Bernard: Lektüre für Minuten – Ausgewählte Gedanken aus seinem Werk, ohne Angabe zum Übersetzer, Suhrkamp Verlag, Frankfurt am Main 2000
Sheridan, Thomas Brinsley: The Rivals, Preface, 3rd. ed. 1776 – Oxford University Press 1968
Storm, Theodor: Der Schimmelreiter – Novelle, Anaconda (Penguin Random House), München 2022
Sun Tsu: Die Kunst des Krieges, hg, und mit einem Vorwort versehen von James Clavell, Knaur, München 1988 (Lizenz: Nikol, Hamburg, 18. Auflage 2017)
Topor, Roland: Memoiren eines alten Arschlochs, übers. von Eugen Helmlé, Diogenes, Zürich 1980
Tschuang-Tse: siehe Dschuang Dsi

Tucholsky, Kurt: Schnipsel – Erweiterte Neuausgabe, hrsg. von Wolfgang Hering und Hartmut Urban, Rowohlt, Reinbek 1995

Undeutsch, Udo (Hrsg.): Forensische Psychologie, Handbuch der Psychologie in 12 Bänden, 11. Band, Hogrefe, Göttingen 1967, darin: „Die Beurteilung der Glaubhaftigkeit von Zeugenaussagen“, S. 26-181

Undeutsch, Udo: Die Aussagepsychologische Realitätsprüfung, in: Sibylle Kraheck-Brägelmann (Hrsg.): Die Anhörung von Kindern als Opfer sexuellen Mißbrauchs, Hanseatischer Fachverlag für Wirtschaft, Rostock 1993, S. 69-162 (vor allem S. 134-136)

Ustinov, Peter: Peter Ustinovs geflügelte Worte, übers. von Hans M. Herzog, List, München, 2. Auflage 2004

Vinci, Leonardo da: Fabeln, mit einem Nachwort von Christine Wolter, Reclam, Stuttgart 1974

Vinci, Leonardo da: Jede Erkenntnis beginnt mit den Sinnen – Die Aphorismen, Rätsel und Prophezeiungen, ausgewählt und übersetzt von Marianne Schneider, Schirmer/Mosel, München 2012

Watzlawick, Paul: Anleitung zum Unglücklichsein, Piper, München, 31. Auflage 1990

Weltgesundheitsorganisation: Internationale Klassifikation psychischer Störungen, ICD-10 Kapitel V(F) – Diagnostische Kriterien für Forschung und Praxis, hrsg. von H. Dilling et al., Huber, Bern, Göttingen, Toronto, Seattle, 2. Auflage 2000

Wertheimer, Emanuel: Das Buch der Weisheit – Aphorismen, Zweite Auflage und neue Folge, Hoffmann und Campe, Hamburg und Berlin 1920.

Heute problemlos erhältlich ist der Druck: Emanuel Wertheimer: Buch der Weisheit. Aphorismen, Lulu, o.O. 2020.

Wieland, Christoph Martin: Sämtliche Werke I, 1. bis 3. Band, Geschichte des Agathon, Werksausgabe der Hamburger Stiftung zur Förderung von Wissenschaft und Kultur, 1984 (Faksimile-Nachdruck der Ausgabe von 1794 bei Georg Joachim Göschen, Leipzig)

Wieland, Christoph Martin: Sämtliche Werke II, 6. und 7. Band, Der goldne Spiegel oder Die Könige von Scheschian. Eine wahre Geschichte aus dem Scheschianischen übersetzt, Erster bzw. Zweyter Theil, Hamburger Stiftung zur Förderung von Wissenschaft und Kultur 1984 (Faksimile-Nachdruck der Ausgabe von 1794 bei Georg Joachim Göschen, Leipzig)

Wienbruch, Ulrich: Das bewusste Erleben – Ein systematischer Entwurf Königshausen & Neumann, Würzburg 1993

Wilde, Oscar: Complete Works, Harper Collins, London, 5th ed. 2003

Wilhelm, Richard: siehe Laotse

Wittgenstein, Ludwig: Über Gewißheit, hrsg. von Gertrud Margaret Elisabeth Anscombe und Georg Hendrik von Wright-Irwisch, Suhrkamp, Frankfurt am Main 1970